브레인 파워 충전소
시험을 잘 보고 싶어

브레인 파워 충전소
시험을 잘 보고 싶어

초판 1쇄 펴낸날 2023년 7월 28일

글	최은영
그림	김진화
펴낸이	홍지연

편집	홍소연 고영완 이태화 전희선 조어진 서경민
디자인	권수아 박태연 박해연
마케팅	강점원 최은 신종연 김신애
경영지원	정상희 곽해림

펴낸곳	(주)우리학교
출판등록	제313-2009-26호(2009년 1월 5일)
주소	03992 서울시 마포구 동교로12안길 8
전화	02-6012-6094
팩스	02-6012-6092
홈페이지	www.woorischool.co.kr
이메일	woorischool@naver.com

ⓒ 최은영, 김진화, 2023
ISBN 979-11-6755-216-7 73810

- 책값은 뒤표지에 적혀 있습니다.
- 잘못된 책은 구입한 곳에서 바꾸어 드립니다.

만든 사람들

편집	고영완
디자인	이든디자인

흔들리지 않는 단단한
내가 되기 위한

파워 충전소
시리즈

브레인 파워 충전소
시험을 잘 보고 싶어

최은영 글 | 김진화 그림

우리학교

차례

프롤로그

소율이의 미션 * 15

황보분식 아들, 훈이 * 28

돌고 도는 눈길 * 46

문자 메시지 * 61

싸움 * 74

수상한 훈이 * 86

착각 * 100

파워가 필요해 * 113

충전, 브레인 파워 * 126

브레인 파워란? * 138

에필로그

작가의 말

프롤로그

쾅! 소율이네 대문이 거세게 닫혔다. 철문 뒤로 쾅쾅쾅쾅 소율이의 발소리가 우악스럽게 번졌다. 소율이는 온몸으로 머리끝까지 화가 치솟았다고 시위하고 있었다. 그래도 훈이는 소율이를 달랠 수가 없었다. 훈이에게는 소율이에게 말할 수 없는 비밀이 있었다.

"그날 별일 없으면 나랑 만날래? 너랑 나랑 둘이 따로. 괜찮아?"

세라의 목소리가 훈이의 귓가를 맴돌았다. 갑작스러운 세라의 제안이 당황스러웠다. 세라의 마음을 정확히 알 수는 없지만, 어쨌든 둘이서만 비밀스럽게 만나자는 말을 무시할 수 없었다.

'미안. 기소율, 우리는 다음에 보자.'

훈이는 굳게 닫힌 소율이네 대문을 바라보며 속으로 말했다. 그리고 서둘러 집으로 들어갔다.

훈이는 가방을 벗고, 옷부터 갈아입었다. 수학 단원 평가의 그늘을 빨리 벗어 버리고 싶었다. 되도록 밝고 가볍고 화사한 옷을 입고 싶었다.

한참 고민한 끝에 훈이는 엄마가 빨아 놓은 하얀색 후드 티셔츠에 파란색 면바지를 입고 거울 앞에 섰다. 그래도 뭔가 심심한 느낌이 들었다.

옷장 문을 열고 안쪽 고리에 걸어 둔 하얀색 모자를 꺼냈다. 하얀색 후드 티셔츠에 하얀색 모자는 그다지 어울리

지 않았다. 후드티를 벗고 어두운 긴팔에 흰색 반소매 티셔츠를 겹쳐 입었다. 그 아래 청록색 바지를 입었더니 산뜻해 보였다. 그런 다음 신발장에서 새로 산 흰색 스니커즈를 꺼냈다. 봄의 분위기랑 제법 잘 어울리는 것 같았다. 훈이의 마음에 살랑 봄바람이 불었다.

현관문 앞에 걸린 커다란 거울을 보며 훈이는 생긋 웃다가 살짝 미소를 지어 보았다. 세라 앞에서 자연스럽고 멋지게 웃고 싶었다. 두근두근 설레고 달달 떨리는 마음은 꽁꽁 감추고 싶었다. 그게 가능할지 알 수 없지만.

훈이는 긴장감을 털어 내려 길게 숨을 내쉬고 집을 나섰다. 골목길 담장 밖으로 얼굴을 내민 봄꽃들이 화사했다.

딱 훈이의 마음 같았다.

소율이의 미션

 알람이 울었다. 소율이는 얼른 알람을 끄고 시간을 확인했다. 아침 7시. 이전 같으면 절대로 반짝 눈을 뜰 시간이 아니지만, 이제는 아니다. 소율이는 스스로 정해 놓은 시간에 눈을 뜨고 일어나는 데 익숙해졌다. 아주 오래전부터 그랬던 것처럼.

"안녕히 주무셨어요?"

 방을 나서며 소율이가 큰 소리로 인사했다. 엄마랑 아빠가 환한 얼굴로 소율이를 맞았다.

"요즘 우리 딸내미 예뻐 죽겠네."

머리 손질을 하던 엄마가 소율이에게 다가와 엉덩이를 토닥거렸다.

"엄마!"

화장실로 향하던 소율이가 눈썹을 찡그리며 엄마를 돌아보았다.

"아, 미안! 6학년 딸내미한테 이러면 안 되지. 암!"

엄마는 냉큼 거울 앞으로 돌아갔다. 어쨌든 소율이의 변화를 가장 크게 반기는 사람은 엄마였다. 소율이는 본래 7시 30분에 맞춰 놓은 알람이 세 번씩 연달아 울리도록 꿈쩍도 하지 않던 아이였다. 엄마가 기어이 방으로 들어와 이불을 들추고 목청을 높여야 겨우겨우 눈을 비비며 일어나, 식탁 위에 놓인 주먹밥을 입에 쑤셔 넣으며 허둥지둥 집을 나서던 아이가 바로 소율이였다.

그런데 불과 닷새 만에 소율이가 확 달라졌다. 아침 7시에 알람이 울리면 곧장 침대에서 일어나 스트레칭으로 몸을 풀었다. 그리고 마당으로 나가 줄넘기 100개를 넘고 난 다음, 운동 시간과 운동량을 기록하고 여유롭게 학교에 갈 채비를 했다. 40분 정도 앞당겨진 기상 시간이 소율이의 아침을 확 바꿔 놓은 것이다. 그 변화의 시작은 바디 파워

충전이었다.

"그 파워라는 거, 나도 좀 충전받을 수 없냐?"

가방을 메고 집을 나서며 찬율이가 물었다.

"아들은 굳이 충전 안 해도 된대. 지금 아주 잘하고 있다고. 엄마가 벌써 물어봤지."

엄마가 찬율이를 따라나서며 벙싯거렸다. 신발을 신고 허리를 쭉 펴며 찬율이가 고개를 끄덕였다. 표정이 아주 거만했다. 만약 초등학교 때의 찬율이였다면 파워 충전소의 할머니가 깐깐한 눈빛으로 찬율이를 훑어보며 바디 파워를 충전하자 했을지도 모른다.

초등학교 때는 찬율이도 소율이와 크게 다르지 않았다. 누구보다 즉석 음식을 좋아하고, 밥을 먹고 나면 소파에 누워 게임에 열중하곤 했다. 하지만 중학생이 되면서 확 달라졌다. 부지런히 운동하고 먹는 것을 조절했다. 혼자서도 알아서 잘하니 굳이 바디 파워를 충전할 필요가 없었다.

8시를 조금 넘겨서 소율이도 집을 나섰다. 옆집에서 기다렸다는 듯이 훈이가 나왔다.

"오늘 아침에도 운동했어?"

"당연하지!"

훈이의 물음에 소율이가 활짝 웃으며 큰 소리로 말했다.

"이렇게 몸이 가뿐해지는 줄 알았다면, 진즉에 운동하면서 살았을 거야."

훈이가 소율이를 향해 엄지손가락을 세웠다. 그러고는 앞으로 자기도 소율이와 함께 운동해야겠다고 했다.

"할머니가 그랬잖아. 따로 충전을 받지 않아도 충전받은 사람이랑 같이 다니면서 비슷하게 생활하면, 충전을 받은 것만큼 효과가 있을 거라고!"

소율이의 말에 훈이는 크게 고개를 끄덕였다. 소율이는 자기 덕분에 주위에 있는 사람들까지 모두 건강해진다면 그보다 기쁜 일은 없을 것 같았다. 그러다 문득 에이치가 했던 말이 생각났다.

"나의 말이나 행동이 누군가에게 어떤 영향을 미칠 수 있다고 생각해요. 그래서 저는 되도록 좋은 말과 선한 행동을 하려고 노력해요. 그렇게 좋은 영향력을 미치는 사람이 늘어나면 우리가 사는 세상도 조금씩 더 좋아질 거라고 믿어요."

가수 겸 배우로 활약 중인 고교생 스타 에이치는 실제로 말과 행동에서 뛰어난 본보기가 되고 있었고, 그 바탕에는 바디 파워가 있었다. 소율이와 훈이는 그 사실을 파워 충전소의 할아버지와 할머니 덕에 알게 되었다.

"나도 좋은 영향력을 전파할 거야."

소율이는 허리를 곧게 펴고 발뒤꿈치가 바닥에 먼저 닿게끔 걸음을 옮겼다. 파워 충전소 할머니가 가르쳐 준 바른 걷기 자세였다. 온몸에 바짝 힘이 들어가는 것 같았지만 그만큼 기운이 나는 듯했다. 절로 벙긋벙긋 웃음이 스몄다. 몸이 가벼워지면서 머릿속도 맑아진 느낌이었다.

"임세라, 이것 먹을래?"

수업이 시작하기 전, 소율이는 세라에게 자그마한 찬합을 내밀었다. 세라가 눈을 삐뚜름하게 뜨고는 찬합을 보았다. 소율이의 찬합에는 아침에 만든 김밥이 오종종히 담겨 있었다.

"일명 '두뇌 김밥'이야. 잡곡밥에 샐러드랑 멸치, 견과류 볶음을 넣어서 만든 거라 자극적이지도 않고, 배 속은 든든하게 만들어 주지. 그래서 머리가 잘 돌아……."

"됐어."

세라가 새침하게 대꾸하고 고개를 돌렸다. 소율이는 두뇌 김밥을 하나 집어 입에 넣었다. 잡곡밥에 샐러드, 멸치, 견과류……. 전에는 끔찍하게도 싫어하는 음식 재료였는데 이제는 주위에 있는 친구들에게도 마구 추천하고 싶은

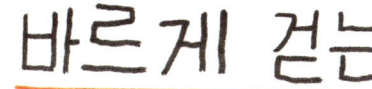
바르게 걷는 좋은 예

- 턱은 당기고 시선은 멀리
- 가슴과 등을 펴고
- 팔꿈치 90° 유지
- 팔 힘을 빼고 리듬감있게
- 무중 / 게심
- 발등과 정강이의 각도 ≒ 90°
- 보폭은 평균 약 60cm

음식이 되었다. 특히나 다이어트를 하느라 비쩍 말라 가고 있는 세라에게는 더더욱 권하고 싶었다.

만약에 그날 세라가 엔터 회사로 연기 배우러 가는 대신 파워 충전소에 갔더라면 바디 파워는 세라가 받았을 것이다. 애초에 파워 충전소의 초대장을 받았던 사람은 소율이가 아니라 세라였으니까. 게다가 세라는 에이치를 롤모델로 삼고 있을 만큼 좋아했다. 그러니 에이치가 할아버지의 스마트폰에 등장한 순간, 세라는 일말의 고민도 없이 바디 파워를 받겠다고 나섰을 것이다. 그래서 소율이는 세라에게 자신이 지닌 바디 파워를 조금이나마 나누어 주고 싶었다. 하지만 세라는 소율이에게 곁을 주지 않았다. 하는 수 없었다. 소율이도 세라와는 영 맞지 않는다고 생각했으니까. 소율이는 시간을 두고 천천히 세라에게 다가가기로 마음먹었다. 왠지 그래야 할 것 같았다.

"새 학기가 시작된 지도 어영부영 한 달이 흘렀네요."

종례 시간에 선생님이 아이들을 빙 둘러보며 말했다. 소율이는 빤히 선생님을 바라보았다. 한 달이 다 되어 가니 짝을 바꾸려나 싶었다. 아직은 세라와 조금 더 짝꿍이었으면 싶었다.

"다음 주 금요일부터 단원 평가를······."

"으악!"

아이들이 비명을 질러 댔다. 소율이도 꽥 소리를 질렀다. 선생님은 싱긋 웃더니 평가 일정표를 모니터에 띄웠다. 첫 단원 평가는 다음 주 금요일, 수학이었다. 한숨 소리가 교실 여기저기에서 터졌다.

"하, 벌써 머리가 지끈지끈 아프다."

집으로 향하며 훈이가 고개를 푹 떨구었다.

"나랑 같이 공부할래?"

소율이가 훈이와 눈을 맞추려 고개를 숙였다.

"됐어."

훈이는 부루퉁하게 소율이의 제안을 뿌리쳤다. 훈이는 공부만큼은 소율이와 같이 하려 들지 않았다. 나름의 철칙인가 싶어 소율이도 같이 하자고 조르지 않았다.

"오늘은 훈이가 기분이 별로인가 본데?"

언제 나타났는지 파워 충전소 할아버지가 훈이에게 말을 붙였다.

"단원 평가 본대요······."

말끝을 흐리며 훈이는 고개를 숙였다. 파워 충전소 할아버지와 할머니가 훈이를 유심히 쳐다보았다. 늘 벙글거리던 훈이의 시무룩한 모습이 신경 쓰이는 것 같았다. 갑자기 소율이가 큰 소리로 외쳤다.

"저 오늘도 운동 열심히 했어요!"

훈이에게 쏠린 할아버지와 할머니의 관심을 자기에게로 돌리려는 거였다. 할아버지가 아주 잘했다며 허허 웃었다.

"두 번째 파워를 충전받을 친구는 찾고 있어?"

할머니가 힐금 훈이를 바라보고는 소율이에게 물었다.

"다음 친구에게는 어떤 파워를 주실 거예요?"

소율이가 씩씩하게 할머니의 말을 받았다. 할아버지가 벙긋 웃으며 입을 열었다.

"아마도 그 친구에게 꼭 필요한 파워를 주겠지?"

"억, 그러니까 그 파워가 뭐냐고요!"

소율이가 입을 불뚝 내밀고 투덜거렸다.

할아버지와 할머니는 건강한 삶을 이어 가게 해 주는 파워들을 소율이와 훈이 또래의 아이들에게 충전시켜 주기 위해 전파동으로 이사를 왔다고 했다. 그러면서도 각각의 파워가 무엇인지는 말해 주지 않았다.

"어떤 파워를 주실 건지 미리 알려 주시면 그 파워가 필

요한 친구를 찾아내기 훨씬 쉬울 거예요."

"물론 그렇겠지."

이번에는 할머니가 고개를 끄덕였다. 그러곤 다시 말을 이었다.

"하지만 따로 알려 주지 않아도 파워가 필요한 친구라면 분명히 우리를 찾아올 거야."

"파워 충전소를 찾아갈 거라고요?"

소율이는 파워를 충전받던 날을 떠올렸다. 그날 소율이는 세라에게 간 초대장을 들고 파워 충전소의 벨을 눌렀다.

"어, 그러고 보니 나도 내 발로 찾아갔었네?"

할아버지와 할머니는 소율이의 반응이 마음에 드는 듯 고개를 주억거렸다.

"그래도 파워 충전소가 있다는 건 알려 줘야 해. 기소율, 첫 번째 파워를 충전받은 너에게 우리가 주는 미션이다."

할아버지가 소율이를 보며 눈을 찡긋거렸다. 소율이는 걱정하지 말라며 큰소리를 떵떵 쳤다. 건강한 삶을 이어 가는 데 꼭 필요한 파워를 충전받는 건 정말로 좋은 기회였다. 소율이는 가까이에 있는 누군가가 꼭 필요한 파워를 받았으면 싶었다.

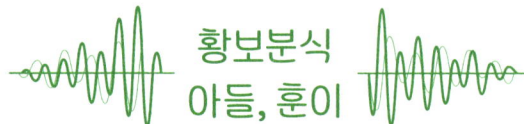

황보분식 아들, 훈이

현관 비밀번호를 누르고 집으로 들어서며 훈이는 크게 한숨을 뱉었다. 그러고는 가방을 벗어 거실 바닥에 휙 던졌다. 커다란 창문으로 넘실거리며 들어온 오후의 햇살이 훈이의 가방에 닿았다. 예쁘지도 않은 가방이 환하게 빛났다.

"으, 수학 단원 평가라니!"

훈이는 머리를 쥐어뜯으며 얼굴을 구겼다.

"도대체 소율이는 어떻게 공부하는 거지?"

솔직히 3학년 때까지만 해도 훈이는 소율이와 성적이 차이 날 거라고 생각도 못 했다. 그런데 4학년이 되고 과목마다 단원 평가를 보면서 훈이는 조금씩 움츠러드는 기분을 느꼈다. 똑같이 놀고, 똑같이 숙제하고, 똑같이 책을 읽고 공부하는데도 소율이는 늘 훈이보다 좋은 성적을 받았다. 처음 몇 번은 그냥 그런가 보다 하고 넘어갔다. 하지만 학년이 올라갈수록 성적이 계속 벌어지니 훈이는 조금씩 부끄러워졌다. 자꾸만 감추고 싶어졌다.

"좋아! 나도 해 보지, 뭐!"

훈이는 주먹을 불끈 쥐었다. 그러고는 가방을 반짝 들고 방으로 들어왔다. 방은 가지런하게 정돈되어 있었다. 아빠와 함께 분식집을 하는 엄마는 가게에 나가기 전에 한바탕 집 안을 청소하는데, 특히 훈이의 방 정리에는 더 신경을 썼다. 엄마는 방이 깔끔하게 정돈되어 있어야 공부도 더 잘될 거라고 했다. 물론 말도 안 되는 소리였다. 소율이의 방은 '깔끔'과는 거리가 멀었다. 그래도 소율이의 성적은 늘 훈이보다 나았다.

책상 앞에 앉은 훈이가 수학책을 펼쳤다. 뭐라고 뭐라고 설명이 되어 있는 문단을 읽고 또 읽었다. 그래도 도무지 이해가 되지 않았다. 수업 시간에 딴짓한 것도 아니고, 선생님이 설명을 영 이상스럽게 한 것도 아닌데 그랬다. 6학

년이 되고 더 어려워진 수학이 문제였다.

"으악!"

훈이는 머리를 마구 흐트러뜨리며 방에서 나왔다. 우유를 한 잔 마시면 머리가 좋아지지 않을까 싶었다. 그러다 문득 파워 충전소가 생각났다.

'혹시 머리가 좋아지는 파워는 없을까?'

머리가 좋아지는 음식이 있다고 들었다. 그러니까 머리가 좋아지는 파워도 있을지 모른다. 훈이는 곧장 신발을 꿰신었다.

부리나케 집을 빠져나와 파워 충전소로 향하는데, 마침 할아버지와 할머니가 나란히 걸어가고 있었다. 동네 산책을 마치고 파워 충전소로 돌아가는 모양이었다. 훈이는 큰 소리로 할아버지를 불렀다. 할아버지와 할머니가 훈이를 향해 몸을 돌렸다.

"오, 그새 기분이 좀 나아졌어?"

할아버지는 훈이의 얼굴을 살피며 벙싯거렸다. 할머니가 소율이는 어디 가고 혼자 있느냐고 물었다.

"소율이는 수학 학원에 갔어요."

의리도 없이 소율이는 혼자 수학 학원에 다녔다. 물론

소율이도 어쩔 수 없는 선택이기는 했다. 6학년이라는 이유로 소율이의 엄마가 억지로 밀어 넣었으니까.

"넌 수학 학원에 안 다니니?"

"네, 그게······."

전파초등학교 아이들이 주로 다니는 수학 학원이 부모님 가게 가까이에 있기는 했다. 그런데 훈이는 절대로 그곳에 다닐 수 없었다. 그곳은 같은 학년이라도 성적에 따라 학급을 나눈다고 했다. 훈이가 아무리 감추려 기를 써도 훈이의 성적은 같은 학교, 같은 학년 친구들 사이에 파다하게 소문날 것이 뻔했다. 훈이는 친구들 사이에서 놀림감이 되고 싶지 않았다.

"저기 혹시······."

지금은 한가하게 수학 학원 이야기나 할 때가 아니었다. 그보다 급한 일이 있어 파워 충전소를 찾은 거니까.

"머리가 좋아지는 파워는 없나요?"

훈이의 물음에 할아버지와 할머니는 눈을 휘둥그레 뜨고 서로를 마주 보았다. 그러고는 서로 말을 맞추려는 듯 눈빛을 교환했다. 훈이는 마음이 바빴다. 그래도 빨리 대답해 달라고 조를 수는 없었다. 그저 할아버지와 할머니를 올려다

볼 뿐이었다. 할아버지가 고개를 돌려 훈이를 보았다.

"머리가 좋아지는 파워가 있다면 어떨 것 같니?"

"시험에서 무조건 100점을 맞을 수 있을 것 같아요!"

훈이의 목소리가 난딱 커졌다. 눈은 반짝반짝 빛났다. 오랫동안 가슴에 쌓아 두었던 돌무덤이 와그르르 무너지기 일보 직전이었다.

"머리가 좋으면 시험에서 무조건 100점을 맞을 거라고 생각하니?"

할머니가 짐짓 진지한 투로 물었다. 훈이는 눈썹을 삐뚜름하게 뜨고 할머니를 보았다.

"네 말이 맞는다면, 시험이 코앞에 닥쳐도 공부할 필요가 없겠구나. 머리가 좋은 아이는 어떻게 하든 100점을 맞을 테고, 머리가 나쁜 아이는 그렇지 못할 테니까 말이야."

할머니의 말은 알아들을 듯 말 듯 모호했다. 어쨌건 머리가 좋아지는 파워 따위는 없는 게 분명해 보였다. 푸시식. 훈이의 마음속 풍선에서 바람이 빠졌다.

"시험이 걱정이라면 일단 공부를 해 보려무나. 공든 탑은 절대 무너지지 않는다고 하잖니?"

할아버지가 격려하듯 말했다. 하지만 훈이의 머릿속에

는 아무 말도 들어오지 않았다. 그동안 훈이는 공을 들여 공부하고 시험을 봤다. 하지만 번번이 탑은 무너졌다. 그러니까 공든 탑은 절대 무너지지 않는다는 할아버지의 말은 틀렸다. 훈이는 입을 삐죽거리며 할아버지와 할머니에게 인사를 건넸다. 머리를 좋아지게 하는 파워가 없다면 할아버지, 할머니랑 지금 길에서 노닥거릴 이유가 없었다.

훈이는 다시 집으로 돌아와 수학책을 펼쳤다. 하지만 문제는 여전히 풀릴 기미가 보이지 않았다. 답답해진 훈이는 벌러덩 침대에 누웠다. 네모난 벽을 보니 네모 로직 게임이 생각났다. 네모난 퍼즐에 숫자를 끼워서 맞추는 네모 로직은 마치 수학 문제 같았다. 네모 로직을 열심히 풀다 보면 수학에도 눈을 뜰 수 있지 않을까.

훈이는 스마트폰을 열어 네모 로직 앱으로 들어갔다. 네모 로직은 단계별로 하나씩 깨어 나가는 구조의 게임이라, 단계가 올라갈수록 맞춰야 하는 숫자도 많고, 복잡했다. 그래도 한 단계씩 올라가는 재미가 쏠쏠했다. 훈이는 침대에 기대어 앉아 네모 로직에 빠져들었다.

지이잉. 지이잉.

스마트폰이 울리며, 화면에 '엄마'라는 글자가 떴다. 훈이

는 재빨리 전화를 받았다.

"저녁 먹어야지?"

엄마가 물었다. 훈이는 얼른 시간을 확인했다. 오후 다섯 시 20분. 네모 로직을 하느라 한 시간이 훌쩍 지났다.

"뭐 먹을래?"

엄마의 물음에 훈이는 비빔밥을 주문했다. 비빔밥은 따뜻할 때 먹어야 제맛이었다. 훈이는 펼쳐 놓았던 수학책을 덮어 버렸다. 수학 공부는 마음으로만 한 것 같았다. 마음이 조금 무거워졌다.

'나도 수학 학원에 보내 달라고 할까?'

친구들에게 엉망인 성적을 들키고 싶은 마음은 눈곱만큼도 없지만, 이제는 방법이 없어 보였다. 혼자 하면 할수록 훈이만 점점 더 뒤처지는 것 같았다.

"좋아, 까짓것. 좀 창피하고 말지."

크게 소리 내어 말하니 마음에 힘이 생기는 것 같았다. 훈이는 빨리 분식집에 가서 엄마 아빠에게 학원에 보내 달라고 말해야겠다고 생각했다. 더뎠던 걸음이 빨라졌다.

훈이는 부모님이 운영하는 '황보분식'에 도착해 가게 안을 빼꼼 들여다보았다. 마침 저녁 시간대라 가게에는 사람이 많았다. 엄마 아빠랑 학원 이야기를 나눌 수 있을까, 정 안 되면 집에 가서 말하지, 싶었다. 일단은 들어가서 저녁을 먹어야 했다.

훈이는 힘 있게 문을 열었다. 가게 안 다섯 개의 탁자 가운데 딱 하나, 비어 있는 탁자에 반찬이 얌전히 차려져 있었다. 훈이의 자리였다.

"아들 왔어?"

커다란 앞치마를 두른 아빠가 우렁우렁 큰 목소리로 훈이를 반겼다. 손에는 쟁반과 행주가 들려 있었다. 아빠는 황보분식에서 홀을 담당하고 있었다.

"아들! 비빔밥 다 됐어, 앉아!"

주방에서 엄마가 고개를 내밀고 생긋 웃었다. 훈이는 엄마에게 손을 흔들어 인사했다. 그러는 새 아빠는 주방으로 다가가 쟁반에 비빔밥을 올렸다. 제대로 시간을 맞춰서 온 듯했다. 훈이는 얼른 자리에 앉았다.

"황보훈!"

자리에 앉아 숟가락을 꺼내는데 뒤편 탁자에서 같은 반 승혁이가 빼꼼 얼굴을 내밀며 훈이를 불렀다. 승혁이의 앞자리에 앉은 아주머니가 고개를 돌려 훈이를 보았다. 승혁이의 엄마인 듯했다.

"안녕하세요?"

훈이는 습관적으로 고개를 숙여 인사했다. 어른을 보면 인사하는 게 당연하니까.

"너, 이 집 아들이니?"

승혁이네 엄마가 훈이를 쳐다보았다. 살짝 눈을 내리깔고 있는 자세가 훈이는 썩 유쾌하지 않았다.

"네, 제 아들입니다. 같은 학교에 다니나 봐요?"

아빠가 훈이의 탁자에 비빔밥을 내려놓으며 유쾌하게 말을 붙였다.

"우리 아들은 작년에 전교 부회장이었어요."

승혁이네 엄마가 턱을 획 들어 올렸다. 승혁이가 배시시 웃으며 훈이를 쳐다보았다. 훈이는 모르는 척 고개를 돌렸다. 승혁이와는 작년부터 같은 반이었는데, 그다지 편안한 관계는 아니었다. 게다가 부모님이 일하는 가게에서 승혁이네 엄마와도 마주치니 기분이 확 나빠졌다.

"아, 그렇습니까? 어쩐지 아주 똑똑해 보이더라고요. 허허허."

훈이의 속도 모르고 아빠는 허리까지 젖혀 가며 너털웃

음을 터뜨렸다. 훈이도 곧잘 웃는 아이였지만 지금은 웃음이 나오지 않았다.

"왜? 무슨 일이야?"

엄마가 주방에서 홀을 넘겨다보며 아빠에게 물었다. 아빠는 쩌렁쩌렁한 목소리로 엄마에게 승혁이와 승혁이네 엄마를 소개했다. 엄마는 승혁이네 엄마에게 반갑게 인사를 했다.

"2년 연속 훈이랑 같은 반이에요."

승혁이가 또랑또랑한 목소리로 말했다.

"와, 그래? 이거 보통 인연이 아니네."

아빠가 히죽거리며 훈이를 보았다. 훈이는 자리에 앉아 젓가락으로 비빔밥을 휘휘 저었다. 콩나물과 볶은 버섯, 당근, 달걀지단이 젓가락 끝에 엉겼다.

"아저씨, 여기 밑반찬 좀 더 갖다주세요."

승혁이가 큰 소리로 외쳤다. 아빠는 곧장 대답하고 부리나케 반찬 진열대로 달려갔다.

"이건 좀 짜던데, 이거 말고 감자볶음을 더 주세요."

아빠가 승혁이네 탁자에 반찬을 내려놓는데, 승혁이네 엄마가 짜증스럽게 말했다.

"아, 이게 좀 짠가요?"

아빠가 반찬 그릇 하나를 집어 주방으로 들어갔다. 이내 엄마가 감자볶음을 그릇에 수북이 담아 승혁이네 탁자로 가져갔다.

"도라지무침이 짜던가요?"

"네, 수입 고춧가루 썼어요?"

승혁이네 엄마가 마뜩잖은 듯 말끝을 올렸다. 엄마는 손을 홰홰 저으며 국산만 쓰고 있다고 했다.

"그런데 왜 그렇게 자극적이지?"

승혁이네 엄마가 도리질하며 혀를 끌끌 찼다.

"글쎄요, 왜 자극적이었을까……. 조금 더 신경 쓸게요."

엄마는 승혁이네 엄마에게 사과하고는 주방으로 들어갔다. 아빠가 맑간 국물이 담긴 국그릇을 들고 훈이에게 다가와 앞자리에 앉았다.

"천천히 먹어."

아빠가 훈이를 보며 빙긋 웃었다. 아빠의 미소는 따스했다.

"아저씨!"

또다시 승혁이네 엄마 목소리가 솟았다. 아빠는 잽싸게 일어섰다.

"물 좀 주세요."

승혁이네 탁자 바로 옆쪽 정수기에 '물은 셀프'라는 글자가 큼지막하게 붙어 있었다. 하지만 승혁이네 엄마는 신경을 쓰지 않는 듯했다. 아주 당당하게 훈이 아빠를 부리려 들었다.

"계산해 주세요!"

아빠가 승혁이네 탁자에 물을 갖다주자, 승혁이네 엄마는 곧장 카드를 내밀었다. 그러고는 힐끔 훈이를 보며 말했다.

"같은 반인데, 무슨 혜택 같은 거 없어요?"

"네?"

카드를 들고 계산대로 향하던 아빠가 고개를 갸우뚱거리며 승혁이네 엄마를 보았다.

"우리 애가 그 반 회장이거든요. 게다가 여기 시장 뒤쪽 수학 학원에 다녀서 자주 올 텐데, 무슨 서비스 음식 같은 거, 없냐고요."

어이없게도 승혁이네 엄마가 서비스 음식을 요구했다. 옆에서 승혁이도 건들거리며 훈이를 바라보았다.

"조그만 분식집에서 서비스는 무슨!"

훈이가 불쑥 말했다. 생각이 입 밖으로 튀어 나간 것이다. 승혁이네 엄마가 눈을 크게 뜨고 훈이를 보았다. 승혁이의 얼굴도 얼핏 일그러지는 것 같았다. 훈이는 어쨌든 말을 꺼냈으니 말을 마쳐야 할 것 같았다.

"서비스 음식은 큰 음식점에서도 아무에게나 안 줘요. 안 가 보셨어요?"

훈이가 말을 마치자 승혁이네 엄마는 기가 막힌다는 듯 크게 콧방귀를 뀌었다. 아빠가 손을 홰홰 저었다.

"아유, 아니지. 우리 아들이랑 같은 반이라는데 제가 뭐든 서비스를 드려야죠. 하하하!"

아빠는 너스레를 떨며 승혁이에게 앞으로 자주 오라고

했다. 승혁이와 승혁이네 엄마는 새치름한 얼굴로 분식집을 나갔다. 훈이의 얼굴이 한여름 뙤약볕에 익은 것처럼 벌겋게 달아올랐다. 훈이는 고개를 푹 숙인 채 비빔밥을 푹푹 떠먹었다. 그러고는 빈 그릇을 주방에 가져다 놓고 부리나케 나설 채비를 했다. 아빠가 조금 더 있다 가라고 잡았다.

"이제 붐빌 시간이잖아요."

훈이는 퉁명스럽게 대꾸하고 분식집을 빠져나왔다. 훈이가 다니려는 수학 학원에는 이미 승혁이가 다닌다고 했다. 훈이는 아무래도 머릿속에서 수학 학원을 까맣게 지우는 게 낫겠다고 생각했다. 한숨이 푹푹 나왔다.

돌고 도는 눈길

소율이는 훈이네 집 초인종을 길게 한 번, 짧게 두 번 눌렀다. 소율이와 훈이가 정해 놓은 둘만의 신호였지만 훈이의 부모님도, 소율이의 부모님도 다 알고 있기는 했다.

훈이가 가방을 둘러메고 뭉그적거리며 나왔다. 훈이네 엄마가 현관문을 열고 훈이를 불렀다. 그래도 훈이는 엄마를 돌아보지 않았다. 소율이는 훈이에게 무슨 일이 있나 싶었다.

"다녀오겠습니다!"

소율이는 훈이네 엄마를 향해 큰 소리로 인사하고 훈이

의 곁으로 바짝 다가갔다. 그리고 무슨 일이 있느냐고 물었다. 훈이는 말없이 고개를 저었다. 소율이와는 눈도 마주치지 않았다.

"아닌데? 황보훈! 내가 널 하루 이틀 봤냐? 지금 너 말이야……."

"그냥 늦잠을 좀 잤어."

훈이가 눈썹을 찡그리며 소율이를 보았다. 소율이가 목청을 높였다.

"우아, 황보훈이 늦잠을 잤다고? 진짜?"

"그랬다니까!"

훈이가 입을 삐죽 내밀고 터덜터덜 걸음을 옮겼다. 소율이는 내내 훈이의 낯빛을 살폈다. 평소와는 확실히 달랐다.

"황보훈이 늦잠을 잤다는 건 중요 뉴스지."

소율이는 대수롭지 않은 척 말을 꺼냈다. 그러면서도 계속 훈이를 힐끔거렸다. 무슨 일인지 알아내고 싶었다.

"야, 사람이 한 번쯤은 늦잠도 잘 수 있지. 그게 무슨 중요 뉴스라고 그러냐?"

훈이가 소율이를 향해 눈을 흘겼다. 듣고 보니 훈이의 말에도 일리는 있었다. 소율이가 과민 반응을 보인 것 같았다.

"어제는 뭐 했어?"

학교를 향해 걸으며 소율이가 물었다.

"뭐 그냥……."

훈이가 어물쩍 대답을 피했다. 소율이는 어제 훈이와 헤어지기 직전에 나눴던 대화를 떠올렸다. 수학 단원 평가를 이야기하면서 훈이는 몹시 우울해 보였다. 푹 떨군 고개와 힘없는 발걸음이 딱 그랬다.

"수학 공부는 좀 했어?"

소율이가 다시 물었다. 훈이는 가볍게 고개를 끄덕였다.

"후유, 6학년이라고 첫 단원부터 어렵더라."

소율이도 길게 한숨을 내쉬며 말을 붙였다. 훈이는 입을 꾹 다문 채 뚜벅뚜벅 걸음을 옮겼다. 분명히 무엇인가 일이 있는 눈치인데 알아낼 도리가 없어 소율이는 답답하기만 했다.

"황보훈, 비빔밥은 맛있게 먹었나?"

교실에 들어서는데 승혁이가 훈이에게 아는 체를 했다. 훈이가 살짝 얼굴을 찌푸리며 자리에 털썩 주저앉았다. 소율이는 고개를 갸우뚱 기울였다. 평소의 훈이라면 승혁이의 말에 대꾸하고 싱글거리며 자리에 앉았을 것이다. 도대체 무슨 일이 있었는지 궁금했다. 하지만 소율이는 닦달하지 않기로 마음먹었다. 훈이가 편해지면 말하겠지 싶었다. 그래도 훈이에게 자꾸 신경이 쓰이는 건 어쩔 수 없었다. 소율이는 수업 시간에도 힐끔힐끔 훈이를 쳐다보았다.

"너 뭐야?"

3교시 수업이 끝나고, 책을 정리하는데 옆자리에서 세라가 샐쭉거리며 소율이에게 말을 걸었다. 소율이는 세라를 향해 고개를 삐뚜름하게 기울였다. 소율이는 세라의 질문을 알아들을 수 없었다. 앞도 뒤도 없는 질문이었다.

"너, 훈이 좋아해?"

세라가 새침한 표정으로 물었다. 소율이는 곧장 얼굴을 일그러뜨렸다.

"무슨 그런 말도 안 되는 소리를……!"

소율이의 반응에 세라는 풋 웃음을 터뜨렸다. 그러고는 다시 말했다.

"그런데 왜 그렇게 열심히 훈이를 쳐다보냐?"

세라가 눈을 크게 뜨고 말끝을 올렸다.

"아, 그건……."

이유를 말하려니 뭔가 구차한 느낌이 들었다. 멈칫거리

는데 세라가 소율이에게 얼굴을 가까이 들이밀었다. 그러고는 낮은 소리로 말했다.

"아무리 좋아도 수업 시간에는 수업에만 집중해라. 너 때문에 나까지 집중이 안 되잖아."

"야!"

소율이가 뺙 소리를 질렀다. 세라가 눈을 휘둥그레 뜨고 소율이를 보았다.

"아니야, 아니라고! 그냥 사정이 있어서 그런 거야!"

소율이가 책상을 두드리며 고래고래 고함을 질렀다. 마침 예지가 세라에게 다가왔다.

"아니면 말고."

세라는 소율이에게 툭 말을 던지고 예지와 교실 밖으로 나갔다. 소율이는 엉뚱한 소문이 돌까 봐 마음이 쓰였다.

"왜? 무슨 일 있어?"

훈이가 소율이에게 다가왔다.

"아무것도 아니야!"

훈이 때문에 괜한 오해를 받게 생겼다. 소율이는 훈이에게 성질을 부리며 퉁탕퉁탕 다음 수업을 준비했다. 더 이상 훈이에게 신경을 쓰지 말자고 다짐했다.

점심시간 후 5교시 수업까지 마치자 어느새 훈이는 다시 예전처럼 생글거리며 소율이에게 말을 붙였다. 오전 내내 부루퉁해 있던 모습이 사라져서인지 소율이의 마음도 한결 편안해졌다. 훈이에게로 쏠리던 신경이 제자리로 돌아왔다. 그런데 얼핏 낯선 눈길이 느껴졌다.

힐끔힐끔, 세라의 눈길이 창가 쪽으로 넘어갔다. 소율이는 세라의 눈길을 따라가 보았다. 세라의 눈길 끝에는 훈이가 있었다. 순간 소율이는 당황스러웠다.

'세라가 왜 훈이를……?'

세라는 배우 연습생으로 캐스팅될 만큼 환하게 빛나는 아이였다. 전파초등학교 아이들은 수시로 세라에게 관심을 보였고, 선생님들도 세라가 지나가면 한 번씩은 꼭 쳐다보았다. 세라는 옷차림도 늘 깔끔했고, 말과 행동 모두 조심스러웠다. 아이들에게 다정한 편은 아니었지만 그렇다고 아주 못되게 구는 성격도 아니었다. 배우가 되기 위해 철저하게 자기 관리를 하는 아이. 소율이는 그런 세라가 조금 불편했다.

소율이는 그냥 편한 게 좋은 아이였다. 매사에 조심하기보다는 두 눈을 데굴데굴 굴리며 무엇인가를 찾아내고, 관

찰하고, 들춰내는 걸 좋아하는 아이. 소율이는 지금 세라의 눈길이 무엇을 의미하는지 알아내고 싶었다.

다음 시간에도 소율이는 세라의 눈길을 짚었다. 세라는 40분짜리 수업 시간 동안 못해도 스무 번 가까이 훈이를 힐끔거렸다. 그러니까 2분에 한 번씩은 훈이를 쳐다본 셈이다. 이건 보통의 징조가 아니었다.

그러고 보니 3교시 수업이 끝나고 세라가 보인 반응도 수상했다. 훈이에게 관심이 없었다면 소율이가 훈이를 쳐다보는지 아닌지 절대로 알 수 없었을 것이다. 결국 세라는 스스로한테 묻고 싶은 말을 소율이에게 던진 것이다. 적어도 소율이가 생각하기에는 그랬다. 소율이의 입꼬리가 스르르 올라갔다.

'오호, 이거 아주 재미있는걸?'

소율이는 세라를 붙잡고 훈이를 좋아하느냐고 묻고 싶었지만, 우선은 꾹 참기로 했다. 며칠 더 관찰해 보는 게 좋을 것 같았다.

이튿날에도 세라는 평소와 다름없이 아침 일찍 학교에 도착해 허리를 꼿꼿이 세운 채 수업을 들었고, 쉬는 시간에도 바른 자세를 유지했다. 점심에는 다이어트를 위한 도시

락을 챙겨 먹고 가끔은 배가 아픈 듯 혹은 고픈 듯 배를 부여잡기도 했다.

그리고 또 하나! 정말로 중요하고도 중대한 사건! 세라는 틈이 나는 족족 훈이를 쳐다보았다. 훈이가 소율이를 찾아올 때면 세라의 얼굴이 불그스름해지는 것도 같았다.

'황보훈이랑 임세라라니!'

훈이가 이 사실을 알면 얼마나 당황할까 싶었다.

'아니, 좋아하려나?'

어쩌면 훈이는 행복해할지도 모른다.

"기소율!"

훈이가 소율이를 불렀다. 수업을 마치고 집으로 돌아가는 길이었다. 소율이는 화들짝 놀란 눈으로 훈이를 보았다.

"뭐 좋은 일 있냐?"

훈이가 물었다.

"아니? 왜?"

소율이는 아무렇지 않은 척 목소리를 높였다.

"그런데 왜 아까부터 혼자 히죽히죽 웃고 있냐?"

훈이의 말에 소율이는 얼른 입술을 다물었다. 아직은 훈이에게 말할 때가 아니었다. 세라의 마음을 확인하는 게 먼저였다. 소율이는 빨리 시간이 흘러 월요일이 왔으면 싶었다. 그때쯤이면 세라에게 훈이를 좋아하느냐고 물어볼 수 있을 것 같았다. 소율이로서는 오래 기다려 준 셈이다.

평소와 다를 것 없는 주말이 지났다. 소율이는 아침 일찍 집을 나섰다. 오늘은 월요일. 세라에게 훈이를 향한 마음을 물어보기로 작정한 날이다. 세라의 대답이 어떨지 궁금해서 견딜 수가 없었다. 소율이의 걸음이 절로 빨라졌다. 훈이는 헉헉거리며 소율이를 쫓아왔다.

소율이는 힘차게 교실 뒷문을 열어젖혔다. 여느 때처럼 꼿꼿하게 앉아 있는 세라가 한눈에 들어왔다. 뒷문에서 바라보는 세라는 도도하고 우아한 한 마리의 학 같았다. 멀리에서도 눈길을 확 사로잡았다.

'풋. 세라가 훈이한테 관심이 있다, 이거지……?'

소율이의 입에서 또 피식 웃음이 새어 나왔다. 세라에게 빨리 확답을 듣고 싶어 소율이는 바지런히 자리로 향했다. 그런데 승혁이가 성큼성큼 세라에게 다가갔다. 그러고는 세라의 어깨를 톡 치고는 무엇인가를 소곤소곤 이야기했다. 세라가 승혁이를 보며 호호거렸다. 소율이는 걸음을 멈추고 세라와 승혁이를 바라보았다.

"왜 그래?"

뒤따라오던 훈이가 소율이에게 물었다.

"아무것도 아니야!"

소율이는 얼른 대꾸하고, 다시 걸음을 옮겼다. 세라 옆에서 속닥거리던 승혁이가 헛기침을 하더니 자기 자리로 돌아갔다.

"승혁이랑 무슨 얘기 했어?"

소율이가 세라에게 물었다.

"내가 왜 그걸 너한테 말해 줘야 해?"

세라는 새침하게 고개를 돌려 버렸다. 소율이는 눈을 세모나게 뜨고 승혁이를 돌아보았다. 승혁이는 볼을 벌겋게 달군 채 어색하게 미소를 짓고 있었다. 승혁이의 낯빛이 마음에 걸렸다. 아무래도 조금 더 관찰해야 할 것 같았다.

2교시 수업을 마치자 아이들이 음악책을 챙겨 교실을 나서기 시작했다. 3교시 수업은 음악이었다. 소율이는 훈이와 함께 음악실로 향했다. 몇 발짝 앞에 세라가 있었다. 세라가 곁눈으로 힐끗 뒤를 살폈다. 훈이가 있는 쪽이었다. 역시나 싶어서 소율이의 입가에 배시시 웃음이 번졌다.

아이들이 같은 건물 2층에 있는 음악실에 막 닿을 즈음

이었다.

"꺅!"

세라가 음악책을 바닥에 떨어뜨리는 동시에 비명을 지르며 발을 동동 굴렀다. 옆에 있던 예지가 한 걸음 뒤로 물러서며 "어떡해!" 하고 소리쳤다.

순간 승혁이가 잽싸게 세라에게 다가가더니 세라의 옷에서 엄지손가락만 한 벌레를 집어냈다. 주위에 있던 아이들이 꽥꽥 소리를 지르며 뒤로 물러났다. 세라는 몸을 옹크리며 주저앉았다. 음악실에서 음악 선생님이 튀어나왔다.

"무슨 일이니?"

"벌레요! 아주 커다란 벌레가······."

아이들이 제각각 입을 벌려 소리를 질렀다.

"아, 조금 전에 음악실에서 내보낸 거미가 있었는데!"

선생님이 걱정스러운 얼굴로 세라에게 다가가려는데 승혁이가 바람처럼 달려왔다.

"임세라, 괜찮아?"

그새 벌레를 처리하고 온 승혁이가 자연스럽게 세라의 어깨를 잡았다. 세라가 젖은 얼굴을 반짝 들어 올렸다. 눈물이 날 만큼 놀랐던 모양이다. 살짝 안쓰러운 마음이 스미

려던 찰나, 소율이는 낯설지 않은 눈빛을 목격했다. 세라를 바라보는 승혁이의 눈빛이 훈이를 힐끔거리던 세라의 그것과 닮아 있었다.

'어? 이건 또 뭐지?'

소율이는 승혁이를 뚫어져라 쳐다보았다. 승혁이는 발그레한 얼굴로 세라의 어깨를 토닥거렸다. 세라는 길게 숨을 내쉬고 자리에서 일어났다. 그러도록 승혁이는 세라만 쳐다보았다.

승혁이는 세라를, 세라는 훈이를. 세 사람 사이로 돌고 도는 눈길이 신기하고도 재미났다. 어쨌든 가장 좋은 자리를 차지하고 있는 아이는 훈이였다. 훈이는 세라에게 선택받은 아이였다.

문자 메시지

　소율이는 집에 가는 내내 혼자서 피식피식 웃기만 했다. 훈이가 왜 그러냐고 물어도 어물대기만 할 뿐 제대로 답해 주지 않았다. 훈이는 소율이가 또 무엇인가를 발견했나 보다 생각했다. 소율이는 종종 그랬다. 혼자서 멀뚱멀뚱 관찰하고 들여다보고 생각한 다음 가끔은 아주 명쾌한 사실을 밝혀내기도 했고, 때로는 아주 엉뚱한 상상을 늘어놓기도 했다. 뭐가 되었든 훈이에게 손해날 일은 없었다. 훈이는 소율이의 수상쩍은 행동을 눈감아 주기로 했다. 솔직히 지금 훈이에게 중요한 것은 소율이의 말이나 행동이 아니었다.

수학 단원 평가가 닷새 앞으로 다가왔다.

"아니, 그래서 이다음에는 어떻게 푸는 거냐고!"

수학 익힘책의 세 번째 문제에서 또 막혀 버렸다. 훈이는 샤프를 쥐고 있는 손으로 머리를 세게 쳤다. 그래도 가슴 가득한 답답함은 사그라지지 않았다. 그러다 문득 학교에서 있었던 일이 떠올랐다.

"황보분식 아줌마는 꼭 하루에 한 가지씩 실패한 반찬을 내놓더라."

분식집에서 마주치고 난 뒤로 승혁이는 훈이 앞에서 들으란 듯이 분식집 이야기를 꺼냈다. 옆에서 준서가 대꾸했다.

"나는 황보분식 오므라이스가 맛있던데."

승혁이는 곧장 얼굴을 찡그렸다.

"야, 내 돈 주고 사 먹는 건데 당연히 맛있어야지. 그건 음식점의 기본이야."

승혁이의 말이 훈이의 가슴에 콱 박혔다. 승혁이는 황보분식 사장님이 자신을 위해 서비스 음식도 준비해 준다며 빼기듯 말했다. 그러자 다른 아이들 몇이 왜 승혁이한테만 서비스를 주느냐고 툴툴거렸다.

"너희도 거기 가서 전파초 6학년 1반이라고 말해 봐."

　승혁이는 이죽거리며 훈이를 힐끔거렸다.

　훈이는 수학책을 들여다보며 머릿속을 헤집는 승혁이의 목소리를 흘려 넘겼다. 아니, 흘려 넘기려 애를 썼다. 그런데 쉽지 않았다. 승혁이는 훈이를 무시하는 것 같았고, 승혁이의 무시가 훈이의 부모님에게까지 번지는 것 같아 속이 상했다.

　"다 수학 때문이야!"

　훈이는 수학 익힘책을 내내 쏘아보았다. 쏘아보기만 해도 문제가 풀리면 얼마나 좋을까 싶었다. 하지만 그런 일은 일어나지 않았다. 다시 마음을 다잡고 샤프를 잡았다. 끙끙거리며 문제를 풀었지만, 답은 아니었다.

"으, 도대체 어디에서 잘못된 거지?"

문제를 들여다볼수록 머릿속은 미로처럼 꼬여 갔다. 아무래도 혼자서는 안 될 것 같다는 생각이 강하게 밀려왔다. 수학 학원이 안 되면 소율이한테라도 도움을 받아야 할 것 같았다. 자존심 따위는 나중 문제였다.

훈이는 자리에서 발딱 일어나 거실로 나갔다. 그러고는 수학 문제를 풀다가 혹시나 게임을 하게 될까 싶어 거실 탁자 위에 내어놓은 스마트폰을 들었다. 훈이는 소율이에게 전화를 걸었다. 소율이는 전화를 받지 않았다. 시간을 확인하니 소율이가 학원에 있을 시간이었다. 학원 수업이 끝나면 소율이는 득달같이 전화를 줄 것이다.

"그러면 그때까지……."

스마트폰을 잡으니 마음이 흔들렸다. 어차피 소율이의 전화를 받으려면 이걸 지니고 있어야 했다. 그리고 소율이가 학원 수업을 마치기까지 긴 시간이 남지도 않았다. 게임을 한다고 해 봐야 얼마 못할 거다. 이 정도는 괜찮지, 싶었다.

훈이는 소파에 걸터앉아 네모 로직 앱을 열었다. 수학 문제도 네모 로직만큼만 쉽게 풀리면 얼마나 좋을까 싶었다. 히죽거리며 네모 로직을 푸는데 문자 메시지가 왔다.

 황보훈, 뭐 하니?

당연히 소율일 거라 생각했는데, 문자 메시지를 보낸 사람은 엉뚱하게도 세라였다. 훈이는 다시 한번 보낸 사람의 이름을 확인했다. 임세라가 맞았다. 이게 무슨 영문인가 싶었다. 세라와는 저학년 때 두 번 빼고는 내내 다른 반이었다.

같은 반이었을 때에도 특별한 일은 없었다. 세라는 예전부터 화려하고 화사했다. 세라 주위에서는 햇살이 더 깊게 빛나는 것 같았고, 세라의 움직임은 깃털처럼 가볍고 부드러웠다. 훈이와는 다른 세상에 사는 아이 같았다. 그래서 짝일 때도 별다른 교류가 없었다. 그런데 갑자기 문자 메시지라니! 훈이는 조금 당황스러웠다.

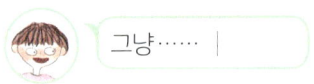 그냥……

　　　　메시지를 입력하다가 훈이는 삭제 버튼을 꾹꾹 눌렀다. 하마터면 솔직하게 말할 뻔했다. 수학 문제를 풀다가 너무 안 풀려서 잠깐 게임을 하고 있다고. 세라와는 이렇게 일상적인 대화를 나눈 적이 없었다.

'갑자기 무슨 일이냐고 물어볼까?'

스마트폰을 붙잡고 머리를 굴리고 있는데, 부르르 전화가 울렸다. 훈이는 깜짝 놀랐다. 소율이였다.

"전화했었네?"

소율이가 밝은 목소리로 물었다. 학원 수업이 지금 끝난 모양이었다.

"으, 으응……"

머릿속이 엉겨 있던 훈이는 머뭇머뭇 대꾸했다.

"왜? 무슨 일인데?"

훈이는 잠시 숨을 골랐다. 애초에 소율이에게 전화를 한 건 수학 문제 때문이었다. 그런데 지금은 수학 문제보다 세라의 문자 메시지가 더 신경 쓰였다.

"황보훈?"

소율이가 가볍게 물음표를 날렸다. 얼른 대답하라는 거다.

"아니, 저기, 그게······."

"왜, 뭔데 이렇게 망설이는 거야?"

훈이가 딱히 망설이는 건 아니었다. 그냥 머릿속이 복작거릴 뿐이었다. 어쨌든 소율이는 눈치가 빠른 아이였다. 빨리 대꾸해야 했다.

"아, 뭐야! 누가 사랑 고백이라도 했어?"

훈이가 입을 열려는 순간, 소율이가 뜬금없는 말을 던졌다.

"뭐라고?"

훈이가 자기도 모르게 빽 목청을 높였다. 얼굴도 확 달아올랐다.

"어, 뭐지? 이 반응은?"

소율이가 장난스럽게 말을 받았다. 훈이는 당황스러웠

다. 빨리 수학 이야기를 꺼내는 게 나을 것만 같았다.

"진짜로 누가 고백한 거 아니야?"

소율이가 목소리를 깔고 넌지시 말했다. 말투에는 웃음기가 가득했다.

"야, 쓸데없는 소리 하지 말고……."

훈이가 제대로 대답하려는데 소율이가 까르륵거리기 시작했다. 그러고는 집 앞에 다 왔다며 잠깐 나오라고 했다. 훈이는 알겠다고 했다. 어차피 도움을 청하기로 마음먹은 참이었다. 도움을 청하려면 전화보다는 얼굴을 보고 말하는 게 나을 것 같았다.

 내가 괜히 연락했구나.

전화를 끊고, 집 밖으로 나서려는데 다시 문자 메시지가 왔다. 세라가 보낸 두 번째 메시지였다. 이번에는 대답해야 할 것 같았다.

아니야. 대답이 늦어서 미안해.

훈이는 얼른 답장을 보냈다. 그리고 어물거리며 신발을

신었다. 세라에게서 또 연락이 올까 봐 신경 쓰였다.

 수학 단원 평가 준비는 잘돼?

현관문을 막 열고 나서는데 세라에게서 다시 연락이 왔다.

아니.

 소율이에게도 하지 못한 말이 세라에게 툭 튀어 나갔다. 훈이는 스마트폰을 쥐고 현관문 앞에 우뚝 멈춰 섰다. 마침 초인종이 울렸다. 길게 한 번, 짧게 두 번. 소율이가 온 거였다. 훈이는 다시 스마트폰을 쳐다보았다. 잠잠했다. 더는 소율이를 기다리게 할 수 없었다. 훈이는 현관문을 열고 밖으로 나갔다. 소율이가 대문 앞에서 손을 반짝 쳐들었다.

 "너는 왜 그렇게 엉뚱한 소리를 잘하냐?"

 훈이는 스마트폰을 한 손으로 꼭 쥔 채 소율이에게 말을 던졌다. 소율이가 싱글거리며 훈이를 쳐다보았다. 훈이는 소율이를 보며 눈살을 찌푸렸다. 자기를 빤히 쳐다보기만 하는 소율이의 눈빛이 무안했다.

 "왜 그렇게 빤히 봐?"

훈이가 소율이의 팔을 툭 쳤다. 그만 쳐다보라는 압력이었다. 소율이가 생글거리며 말을 붙였다.

"학교에서 너를 이렇게 계속 쳐다보는 애가 있거든."

"뭐라고?"

훈이가 고개를 갸웃하며 소율이를 보았다. 소율이가 배시시 웃으며 훈이에게 물었다.

"궁금하지?"

"……."

"들으면 깜짝 놀랄걸?"

소율이가 슬쩍 뜸을 들였다. 그러고는 훈이를 보며 또박또박 세라의 이름을 말했다.

"그게, 무슨 소리야?"

대꾸하는 훈이의 목소리가 파르르 떨렸다.

"내가 세라 옆자리잖아. 그래서 알아챈 거지. 세라의 눈길이 너에게로 향하는 걸!"

소율이는 자기 말을 하느라 훈이가 떠는 걸 알아채지 못했다. 훈이는 믿을 수 없었다. 자꾸 도리질만 나왔다.

"혹시 너, 고백받았어?"

소율이가 다시 물었다. 훈이의 머릿속에서 갑작스럽게

날아온 세라의 문자 메시지가 떠돌았다. 하지만 그건 고백이 아니었다. 그냥 일상적이고도 평범한 메시지였다.

"아, 아냐!"

훈이는 벌게진 얼굴을 들키지 않으려고 고개를 홱 돌렸다. 골목에는 바람 한 점 들지 않았다.

"그럼 왜 전화한 건데?"

소율이가 물었다. 훈이는 더 이상 머뭇거렸다가는 소율이가 또 엉뚱한 상상을 늘어놓을 것 같아 얼른 말을 던졌다.

"수학 공부 좀 도와줘."

훈이는 소율이에게 수학 문제 풀이의 어려움을 줄줄이 늘어놓았다. 하지만 신경은 내내 쥐고 있는 스마트폰으로 향했다.

싸움

   소율이는 학원에서 나눠 준 인쇄물과 문제집을 잔뜩 짊어지고 훈이네 집으로 갔다. 훈이네 집은 언제 가든 항상 깔끔했다. 훈이네 엄마 성격이 그랬다. 물건들이 너저분하게 흩어져 있는 꼴은 참지 못했고, 방바닥은 물론 책꽂이나 탁자에도 먼지 하나 없이 말끔했다. 그런 성격은 분식집에서도 고스란히 이어졌다. 덕분에 황보분식은 홀은 물론, 주방 바닥까지도 청결하기로 유명했다.

   소율이는 거실 한가운데에 놓인 타원형의 탁자 위에 갖고 간 것들을 몽땅 부려 놓았다. 훈이가 놀란 듯 입을 쩍 벌렸다.

"이걸 다 봐야 하는 거야?"

"당연하지. 공부는 말이야, 시간과 정성을 들인 만큼 결과를 만들어 주거든. 그러니까……."

"야, 나도 시간과 정성은 들일 만큼 들였거든."

훈이가 입을 삐죽 내밀었다. 소율이는 얼른 사과하며 말을 이었다.

"요령도 있어야지. 또……."

머리도 좋아야 한다고 말하려다, 입속으로 삼켜 버렸다.

훈이가 아니라 누가 들어도 기분이 상할 말이었다.

소율이는 훈이의 옆에 딱 붙어 앉았다. 그리고 훈이에게 수학 문제를 풀라고 했다. 훈이는 첫 문제부터 버벅거렸다. 문제의 개념조차 파악하지 못한 듯했다.

"야, 수학도 개념부터 알고 접근해야 해. 그냥 숫자만 늘어놓는 게 아니야."

소율이의 목소리가 높아졌다. 그만큼 훈이의 얼굴은 벌게졌다. 소율이는 길게 숨을 내쉬며 연습장을 펼쳤다. 그리고 차근차근 개념을 설명하며 문제를 풀었다.

"알겠어?"

소율이가 훈이를 쳐다보았다. 훈이는 눈썹을 찡그린 채 입을 오물거렸다.

"모르겠어?"

소율이가 다시 물었다. 훈이가 풀이 과정의 첫 줄을 가리켰다.

"이건 왜 이렇게 풀어야 하는데?"

"이건 공식이잖아!"

소율이의 말끝에 짜증이 붙었다. 훈이가 고개를 숙였다. 얕게 한숨도 뱉은 듯했다. 소율이는 크게 숨을 들이마시고 공식부터 설명하기 시작했다. 그래도 훈이는 알아듣지 못했다. 지금 훈이의 상태라면 6학년이 아니라 5학년의 문제를 풀어야 할 것 같았다. 소율이의 가슴속에서 뜨거운 것이 욱하고 솟구쳤다.

"나, 너무 모르지……."

훈이가 기어들어 가는 목소리로 말했다. 소율이는 잠깐 고민했다. 솔직하게 감정을 드러내는 게 좋을까, 그냥 덮어 두는 게 좋을까. 고민은 금방 끝났다. 친구 사이에 솔직해서 나쁠 건 없을 것 같았다.

"너 이렇게 모르면서 그동안 왜 한 번도 나한테 물어보지 않았냐?"

소율이의 타박에 훈이는 머쓱한 듯 뒷머리를 긁었다.

"나한테 물어보는 게 창피하냐?"

훈이는 고개를 끄덕였다.

"왜?"

소율이가 새된 소리를 냈다. 그러자 훈이가 고개를 반짝 들었다.

"너 같으면 창피하지 않겠냐?"

훈이가 얼굴을 새빨갛게 달군 채 소율이를 보았다. 얼굴에는 원망이 묻은 듯했다. 소율이는 할 말을 잃고 입을 앙다물었다. 순간 부르르 스마트폰이 울렸다. 훈이 거였다.

"그냥 가. 나 혼자 할래."

훈이가 스마트폰을 무릎 사이에 끼더니 탁자 위를 정리하기 시작했다.

"야, 황보훈!"

소율이가 부르는데도 훈이는 소율이를 쳐다보지 않았다. 훈이의 태도는 낯설었다.

"그만 가라고."

한마디 툭 던지더니, 훈이는 자기 방으로 휭 들어가 버렸다. 소율이는 굳게 닫힌 방문을 빤히 쳐다보았다. 기가 막혔다. 훈이의 부탁에 소율이는 황급히 집으로 달려가 훈이에게 도움이 될 만한 것들을 살뜰하게 챙겨 훈이의 집으로 달려왔다. 그런데 싫은 소리 몇 마디 했다고 팽 하고 자기 방으로 들어가 버리다니 속이 부르르 떨렸다.

"야, 황보훈!"

이대로 물러날 수 없었다. 소율이는 훈이의 방문 앞에서 빽 소리를 질렀다.

"다 내가 잘못했으니까 그냥 가."

훈이의 목소리가 왈칵거렸다. 훈이가 우나 싶어 소율이는 흠칫했다. 짜증이 솟았지만 하는 수 없었다. 일단은 집으로 돌아가는 게 나을 것 같았다. 소율이는 가방을 챙겨 다시 집으로 돌아왔다. 그새 엄마랑 찬율이가 집에 와 있었다.

소율이를 쫓아내고 거실 구석에 쪼그려 앉은 훈이는 스마트폰을 열었다. 세라가 보낸 문자 메시지가 와 있었다.

 수학 단원 평가 때문에 스트레스!

세라의 메시지는 간단했다. 하지만 훈이의 가슴은 요란하게 쿵쾅거렸다.

"세라가 널 좋아한다니까?"

소율이가 뱉은 말은 바람에 날리는 씨앗이 되어 훈이의 가슴에 박혔다.

'세라가 진짜로 나를 좋아하나?'

소율이의 말은 여전히 믿기지 않았다. 하지만 세라가 훈이에게 문자 메시지를 보낸 건 분명한 사실이었다. 뭐라고 답을 하면 좋을지 고민스러웠다.

'같이 수학 공부나 하자고 할까?'

훈이는 세라와 나란히 앉아 수학을 공부하는 자신을 떠올려 보았다. 그러다가 홰홰 고개를 저었다. 세라의 성적은 몰라도 자기 성적은 잘 알고 있었다. 어쩌면 세라에게 웃음거리가 될지 모른다. 그러고 싶지 않았다.

 넌 수학 좋아?

고민하느라 답장할 타이밍을 놓친 사이, 다시 문자 메시지가 날아왔다. 훈이는 얼른 세라에게 답장을 보냈다.

그럴 리가!

 역시 넌 나랑 통할 줄 알았어!

세라의 답은 친근했다. 소율이와는 비교도 안 될 만큼. 세라와 문자 메시지를 나눌수록 훈이는 마음이 편안해지는 것 같았다.

 단원 평가 보고 뭐 해?

세라의 메시지가 연달아 도착했다. 훈이는 곧장 게임방을 떠올렸다. 과목별 단원 평가가 끝나면 훈이는 소율이와 함께 게임방에 가서 마우스와 스틱을 움직이며 적을 깨부

수곤 했다. 그러면 세상을 다 얻은 듯 가슴이 시원해졌다. 단원 평가 결과가 어떻든 크게 신경이 쓰이지 않았다.

 그날 별일 없으면 나랑 만날래?

세라에게 열심히 답장을 쓰고 있는데, 세라에게서 새로운 메시지가 또 날아왔다. 순간 훈이의 머릿속에서는 "뎅, 뎅, 뎅!" 하고 종이 울렸다. 그것도 울림통이 아주 커다란 종이었다.

 너랑 나랑 둘이 따로. 괜찮아?

세라는 훈이가 답할 새도 없이 연타를 날렸다. 훈이가 넋을 빼고 있는 걸 세라가 눈치챈 모양이다.

 싫어?

다시 문자 메시지가 도착했다. 이번에는 빨리 대답해야 할 것 같았다.

  좋아.

 그럼 금요일 수업 끝나고 우리 아파트 단지 안 정자에서 만나. 우리 둘만 따로 만나는 거야. 알았지?

세라와의 문자 메시지는 그렇게 끝났다. 그때부터 훈이는 기분이 이상했다. 수학 단원 평가를 생각하면 가슴이 답답했고, 세라와의 약속을 떠올리면 가슴이 콩닥거렸다.

'우리 둘만 따로'라는 말을 강조한 것도 훈이의 마음을 흔들었다. '우리 둘만 따로'라고 했으니 소율이에게도 말하면 안 될 것 같았다.

'소율이가 모르게 세라를 만나러 갈 수 있을까?'

소율이는 관찰을 좋아하는 만큼 눈치도 빨랐다. 세라 옆자리에서 세라의 눈빛을 살피다가 세라의 마음을 알아채고 훈이에게 먼저 전해 준 것도 소율이였다. 그런데 과연 소율이를 따돌릴 수 있을까. 어쨌든 세라를 만나기 전까지는 소율이에게 철저하게 비밀에 부쳐야 했다. 그러려면 조금 불편하고 어색하더라도 소율이와 거리를 두어야 했다. 훈이는 어떻게 할까 고민하다가 가면을 써 보기로 했다. 수학 단원 평가 때문에 초긴장한 아이처럼 보이기. 그걸 소율이가 믿어 줄지 알 수 없지만 해 볼 수는 있을 듯했다.

오늘, 훈이는 소율이에게 된통 화를 냈다. 지금까지 한 번도 없던 일이었다. 불같이 일어난 화는 단원 평가가 끝날 때까지 길게 이어져야 했다. 훈이는 자신을 세뇌라도 시키듯 같은 말을 몇 번씩 되풀이했다.

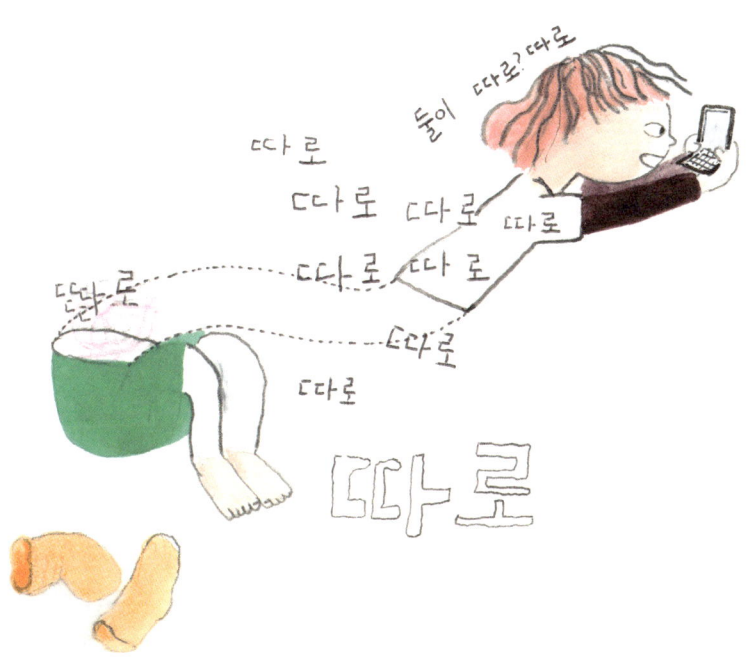

수상한 훈이

 다음 날, 소율이는 아침 일찍 훈이네 집으로 달려갔다. 함께 학교로 향하며 어제 틀어졌던 마음을 훌훌 털어 버리고 싶었다. 어제저녁 내내 소율이는 마음이 불편했다. 훈이랑 가깝게 지내면서 이런 적은 처음이었다.

 훈이네 집 초인종을 길게 누르고 다시 짧게 두 번을 누르는데, 현관문이 열리고 훈이네 엄마가 나왔다.

"훈이 오늘 주번이라고 일찍 갔는데?"

"네?"

 소율이가 눈을 동그랗게 뜨자 훈이네 엄마가 대문까지

종종거리며 쫓아 나왔다.

"훈이 오늘 주번 아니야?"

훈이네 엄마가 물었다. 소율이는 차마 아니라고 할 수 없었다.

"아, 맞아요. 제가 깜빡했어요."

소율이는 얼렁뚱땅 대답하고 서둘러 걸음을 옮겼다. 머릿속으로는 어제의 일을 꼼꼼히 되짚었다. 소율이가 짜증을 내기는 했다. 하지만 함께 등교하는 걸 거부할 만큼 훈이의 신경을 건드린 건가 싶었다.

'치, 자기가 먼저 전화해 놓고서는!'

생각해 보니 억울하고 분했다. 얼른 학교에 가서 훈이에게 따져야지 싶었다.

교실로 들어서며 소율이는 곧장 훈이를 찾았다. 훈이는 자기 자리에 앉아 무엇인가를 열심히 쓰고 있었다. 가까이 다가가 슬쩍 곁눈질하니 수학책이었다. 훈이는 수학책을 연습장에 그대로 옮겨 적고 있었다. 푸, 소율이는 또 한숨이 났다.

'황보훈, 수학은 그렇게 무작정 베껴 쓴다고 되는 게 아니야!'

마음 같아서는 너에게 맞는 효율적인 공부 방법을 찾아야 한다고 훈이에게 말해 주고 싶었다. 하지만 어제의 일이 마음에 걸렸다. 무작정 타박할 수 없었다.
　쉬는 시간에도 훈이는 소율이를 찾아오지 않았다. 대신 자리에 앉아 주야장천 수학 익힘책에 있는 문제를 옮겨 적었다. 답답하기 짝이 없었다. 소율이는 학원에서 나눠 준 개념 정리 인쇄물을 들고 훈이에게 다가갔다. 그리고 훈이의 책상 위에 인쇄물을 내려놓았다. 훈이가 고개를 들어 소율이를 보았다.

개념부터 알아야 한다고 개념부터 알

"문제 말고, 이걸 베껴 써."

훈이가 인쇄물을 뚫어져라 쳐다보았다.

"개념부터 알아야 한다고. 그러니까 문제 말고 개념부터 외워."

툭 말을 뱉고, 소율이는 자리로 돌아왔다. 그러면 훈이가 무슨 말이든 할 거라고 생각했다. 하지만 훈이는 아무 말도 하지 않았다. 소율이는 가슴이 답답해서 견딜 수 없었다. 그래도 수학 단원 평가가 끝날 때까지는 기다려 보기로 했다. 훈이가 평가 때문에 스트레스를 받고 있으니까.

어색하고 불편한 채로 이틀이 지났다. 그리고 드디어 수학 단원 평가가 끝났다.

"으아!"

"선생님!"

평가가 끝나고 시험지를 걷기 무섭게 교실 여기저기에서 볼멘소리가 터져 나왔다. 선생님은 아이들의 툴툴거림을 예상하기라도 한 듯 생긋 웃으며 시험 치르느라 애썼다고 말했다. 아이들은 다시 책상을 두드리며 오후 수업은 자율 학습으로 때우자고 외쳤다.

"얼른 자리 정리하고 점심 먹자. 오늘 너희들이 좋아하는 메뉴 나오더라."

선생님이 시험지를 정리하며 헤실거렸다. 아이들은 여전히 괴로운 듯 소음을 뿌리며 자리에서 일어났다.

소율이도 자리에서 일어나 교실을 둘러보았다. 시험 대형으로 배치된 자리가 익숙하지 않아서 소율이는 한참 만에 교실 뒷문 바로 앞쪽에 앉아 있는 훈이를 발견했다. 곧장 훈이에게로 다가가려는데 세라가 훈이 앞에서 걸음을 멈추었다. 그러고는 무엇인가를 소곤소곤 이야기했다. 소율이는 잽싸게 훈이에게로 달려갔다. 그러는 새 세라는 예

지와 함께 교실을 빠져나갔다.

"세라가 뭐래?"

"뭘? 우, 아, 아무 말도 안 했는데?"

훈이가 말을 더듬으며 부산하게 책상 위를 정리했다. 소율이는 빙시레 웃으며 고개를 숙였다. 훈이의 얼굴을 제대로 보고 싶어서였다.

"왜 그래?"

훈이가 쑥스러운 듯 고개를 돌렸다. 얼굴이 화끈 달아오른 듯 보였다. 더 이상 놀려 먹으면 안 될 것 같았다. 수학 단원 평가 때문에 한동안 데면데면했던 사이였다.

"이따가 게임방 갈 거지?"

훈이와 함께 급식실로 향하며 소율이가 밝게 말했다. 단원 평가 후 게임방에 가는 건 소율이와 훈이가 벌이는 일종의 의식 같은 거였다. 게다가 이번에는 단원 평가를 앞두고 불편하고 어색한 시간을 가졌다. 그러니 오늘의 의식은 꽤 중요했다. 적어도 소율이는 그렇게 생각했다. 그런데 훈이의 입에서 의외의 대답이 터졌다.

"아, 안 돼!"

"잉?"

잘못 들었나 싶어 소율이는 고개를 들어 훈이를 보았다.

"아, 저기, 오늘은……."

훈이가 허둥거렸다. 수학 문제 풀이를 도와 달라고 하던 그날 같았다.

"오늘은 뭐? 오늘은 단원 평가가 끝난 날이잖아."

늘 하던 일을 하자고 했을 뿐인데 왜 이러나 싶었다.

"아직 전 과목이 다 끝난 것도 아니잖아. 당장 다음 주에 국어 단원 평가도 있고……."

훈이가 딴청을 피우며 핑곗거리를 찾았다. 소율이가 따지듯 물었다.

"원래 과목별로 평가 끝날 때마다 가던 건데, 갑자기 왜 이래?"

전에는 각각 다른 반이라 단원 평가가 끝나는 날이 달라도 둘 중 한 명이 시험을 보면 득달같이 게임방으로 달려갔다. 그런데 갑자기 다른 과목 평가를 들먹이다니 아무래도 이상했다.

"아, 그게, 이제는 우리도 6학년이고……."

"6학년이 뭐 어때서? 6학년이 별거야?"

소율이가 따져 물었다. 그러자 훈이가 고개를 돌려 소율이를 보았다.

"그리고 나 오늘 약속이 있어."

"무슨 약속?"

소율이와 훈이는 아주 작고 사소한 일이라도 툭 털어놓고 공유하는 사이였다. 그런데 갑자기 약속이라니, 무슨 일인가 싶었다. 소율이는 눈을 동그랗게 뜨고 훈이를 살폈다.

"야, 나는 뭐, 그런 게 있으면 안 되냐?"

훈이가 불편한 기색을 보였다. 순간 소율이의 마음에 서운함이 밀려들었다. 며칠 새 훈이는 딴사람이 되어 버렸다. 단순하게 수학 단원 평가의 문제가 아니었던 듯했다.

소율이는 획 훈이의 곁을 지나쳤다. 단단히 삐졌다는 걸 온몸으로 보여 주고 싶었다. 소율이는 혼자 점심을 먹고, 혼자 점심시간을 보내고, 오후 수업이 끝나자마자 혼자 성큼성큼 걸음을 옮겨 집으로 들어갔다. 그래도 훈이는 소율이를 아는 체하지 않았다.

"'나는 그런 게 있으면 안 되냐?'라니……."

8년 가까이 이어 온 우정이 단박에 깨지는 기분이었다.

"나는! 나는 그런 거 없는데, 왜?"

속상했다, 훈이가 그런 생각을 품었다는 게. 그리고 소율이는 지금껏 한 번도 훈이 없이 혼자만의 무엇을 만들 생각을 하지 않았다는 게 억울했다. 훈이에게 소율이는 그 정도의 친구였던 것이다. 풀리지 않는 수학 문제 때문에 1년이 넘도록 혼자 속을 끓여도, 매번 함께해 오던 일을 훌렁 차 버릴 만큼의 약속을 만들고도 털어놓지 않는 친구.

"배신자!"

생각할수록 약이 올라서 견딜 수가 없었다. 혼자서 도대체 무슨 일을 만든 건지 궁금했다. 그렇다고 훈이를 쫓아가 따져 물을 수는 없었다. 훈이의 말에 잘못된 구석은 없었다. 혼자서 다른 꿍꿍이를 품고 있든 말든 그건 자유였다. 자유를 누리지 못한 건 소율 자신이었다.

학원에 가는 날이었으면 차라리 좋았을 텐데 단원 평가를 치른 날이라고 학원도 쉬었다. 소율이는 부리나케 밖으로 나왔다. 동네 한 바퀴라도 뺄뺄거리며 뛰어야겠다 싶었다. 땀이 나도록 달리면 기분도 나아질 것이다. 이게 다 바디 파워를 충전받은 덕이었다.

"어라? 소율이도 있었네?"

대문 앞에서 신발 끈을 조이고 있는데 파워 충전소 할아버지의 목소리가 들렸다. 고개를 들어 보니 골목 끝에 할아버지와 할머니가 있었다. 소율이는 잽싸게 달려가 할아버지와 할머니에게 인사했다.

"훈이도 방금 어딜 가던데, 둘이 따로따로 가는 거야?"

이번에는 할머니가 물었다. 소율이의 눈길이 큰길 쪽으로 향했다.

"응, 큰길 쪽으로 가더라."

할아버지가 말했다.

"고맙습니다!"

소율이는 큰 소리로 인사하고, 성큼성큼 큰길 쪽으로 걸었다. 자기도 모르게 훈이의 뒤를 쫓는 모양새가 되고 말았지만 어쩔 수 없었다. 궁금한 건 참을 수 없었다.

큰길가 건널목 앞에 우뚝 서 있는 훈이가 보였다. 소율이는 슬그머니 몸을 숨겼다. 최대한 훈이가 모르게 따라가야 했다. 신호등이 바뀌고 훈이가 길을 건넜다. 소율이는 눈으로만 훈이를 쫓았다. 그러다 놓쳐도 하는 수 없다고 생각했다. 다행히 훈이는 큰길 건너 학교 쪽으로 향하고 있었다. 그 길은 곧게 뻗은 길이라 다음 신호에 건넌다고 해도 훈이를 놓칠 염려가 없었다.

소율이는 다음 신호를 기다려 길을 건넜다. 그리고 곧장 학교 쪽으로 몸을 돌리는데 학교와 큰길 사이에 있는 아파트 단지로 들어가는 훈이가 보였다. 소율이는 사뿐사뿐 걸음을 옮겨 아파트 단지로 따라 들어갔다. 정문을 지난 훈이는 곧장 102동 쪽으로 걸었다. 미끄럼틀과 그네, 시소 등이 놓여 있는 놀이터 뒤로 자그마한 정자가 보였다. 훈이의 걸음은 정자를 향하고 있었다.

'아니, 무슨 약속이기에…….'

속으로 구시렁거리며 걸어가는데 갑자기 쨍한 목소리가 날카롭게 치솟았다.

"왜 이렇게 늦었어?"

소율이는 놀이터 뒤쪽에 웅크려 앉았다. 그리고 살그머니 몸을 일으켜 정자 쪽을 보았다. 그곳에는 세라가 있었다. 수업 시간 내내 힐끔힐끔 훈이를 훔쳐보던 아이. 그리고 훈이는 세라 앞에 우두커니 서 있었다.

'오늘 약속이 세라를 만나는 거였어?'

소율이를 따돌리고 조심스럽게 만나러 간 상대가 세라였다니, 소율이는 다시 한번 배신감을 느꼈다.

'세라가 저한테 관심 있다고 말해 준 사람이 난데!'

학교에서 세라가 툭하면 쳐다본다고, 아무래도 훈이에게 세라가 관심이 있는 것 같다고 말해 준 사람이 바로 소율이였다. 그 말을 전할 때 훈이가 허둥거리기는 했어도 시침을 떼고 있을 거라고는 생각도 못 했다. 소율이는 아랫입술을 잘근잘근 깨물며 세라와 훈이를 훔쳐보았다.

착각

　세라는 대뜸 짜증을 부렸다. 머쓱해진 훈이가 뒷머리를 긁었다.
　"서두른다고 서둘렀는데……."
　옷을 갈아입느라 시간이 걸렸나 싶었다. 아니, 소율이에게 신경 쓰느라 집까지 걷는 걸음이 느렸던 것도 같았다. 어쨌든 훈이와 세라는 만날 시간을 정확히 정해 두지는 않았다. 그러니까 세라가 불같이 화를 낼 이유도, 훈이가 절절매며 미안해할 까닭도 없었다. 그래도 세라가 기다렸다니 훈이는 얼른 사과했다.

"시험은 잘 봤니?"

세라가 샐쭉한 표정으로 물었다. 훈이는 말없이 고개를 숙였다.

"그래, 시험 얘긴 그만두자."

세라 목소리가 금세 환해졌다. 화가 풀렸나 싶었다.

"오늘 무슨 일로 보자고 한 거야?"

이제는 물어봐도 좋을 것 같았다. 훈이는 세라 옆에 앉으며 목소리에 힘을 넣었다. 세라가 짐짓 웃더니 얇은 대본집 한 권을 내밀었다.

"내일 오디션이 하나 있거든."

훈이는 대본집을 받아 들고 멀뚱멀뚱 세라를 보았다. 오디션이랑 오늘의 만남이 무슨 상관이 있을까 싶었다.

"그 대본에서 서해라는 역할 오디션인데, 서해가 너랑 비슷해."

세라가 훈이를 보며 눈을 반짝였다. 훈이는 고개를 갸우뚱거리며 대본집을 펼쳤다. 대본에는 서해라는 이름마다 주황색 형광펜이 그어져 있고, 한쪽에는 서해의 성격과 대사가 몇 줄씩 적혀 있었다.

"이번에 꼭 통과하고 싶거든. 서해가 너랑 비슷하니까

네가 나 연기하는 것 좀 봐 줘."

세라가 말을 맺었다.

"네 연기를 봐 달라고?"

훈이는 멍하니 세라를 보았다. 세라는 두 눈을 반짝 빛내며 훈이에게 말했다.

"응, 어렵지 않아. 그냥 대본 보면서 내 말투나 행동이 너랑 비슷한지 판단만 해 주면 돼."

순간 훈이의 얼굴이 벌겋게 달아올랐다.

'세라가 너 좋아해.'

소율이가 분명히 그렇게 말했다. 그리고 훈이는 의심 없이 그 말을 받아들였다. 하필 그즈음에 세라의 문자 메시지를 받은 게 화근이었다. 아니다. 솔직히 세라의 메시지는 평범하기 짝이 없었다. 세라가 훈이를 좋아한다는 느낌은 손톱만큼도 없었다. 그런데도 훈이는 두근두근 설렜다. '우리 둘이 따로'라는 말에 8년 우정까지 가볍게 던져 버렸다.

'바보! 멍청이!'

속으로 혼자 생각하고 있는데 세라가 팔꿈치로 훈이를 '탁' 쳤다.

"대본 보라니까!"

세라가 핀잔을 줬다. 훈이는 얼른 고개를 끄덕이고 대본집을 훑었다.
　서해는 속없이 잘 웃는 아이인 듯했다. 친구들이 대신 청소해 달라고 부탁하면 두말없이 청소기를 집어 들고, 시험을 못 봤다고 놀려도 헤헤거리며 뒷머리를 긁적이는 아이. 매사에 씩씩한 척 나서지만 결국은 다른 아이에게 좋은 일만 만들어 주는 아이가 바로 서해였다. 훈이는 또 머릿속이 복잡해졌다.
　'내가 이런 아이라고?'
　대본집 속 서해는 무슨 일이 있건 헤실헤실 웃다가 자기 것을 몽땅 빼앗겨 버렸다. 한마디로 바보 멍청이 같았다.
　"내가 이래?"
　훈이가 세라에게 물었다. 세라는 곧장 고개를 끄덕였다.
　"내가 대본집을 받고 나서 우리 반 애들을 하나하나 관찰했거든. 도대체 서해 같은 아이가 실제로 있기는 한 걸까 궁금해서 말이야. 그런데 마침 네가 있더라고."
　말끝에 세라는 큭큭 웃음을 달았다. 이전에 보여 주던 부드럽고 화사한 웃음이 아니었다. 어딘지 모르게 가슴을 쿡쿡 찌르는 웃음에 훈이는 마음이 편치 않았다.

"영화에는 이런 역할, 저런 역할이 다양하게 나오잖아. 나, 어떤 역할로든 꼭 데뷔하고 싶어."

세라는 두 눈에 바짝 힘을 주며 훈이를 보았다. 눈빛이 너무나 강렬해서 훈이는 고개를 돌렸다. 왠지 세라는 서해 역할에 어울리지 않는 느낌이었다. 세라는 자기 색깔이 분명한 아이였다.

"일단 빨리 좀 봐 봐!"

세라가 또 채근했다. 여기까지 와서 그냥 가겠다 빼는 것도 별로일 거란 생각에 훈이는 대본집으로 눈길을 돌렸다. 세라는 흠흠 헛기침하고 목소리 톤을 잡더니 첫 번째 페이지에 있는 서해의 대사를 줄줄 읊었다. 그러고는 목소리 톤이랑 표정, 손짓 등이 어떤지 물었다. 훈이는 세라의 대사와 동작을 떠올리려 가만가만 머릿속을 되짚었다.

"야, 빨리 말해 줘. 너랑 비슷해, 안 비슷해?"

세라는 참을성이 없었다. 잠시도 쉬어 가는 시간을 견디지 못했다.

"그러니까 그게……."

훈이는 답을 줄 수 없었다. 애초에 자기 모습이 어떤지 제대로 들여다본 적이 없었다.

"잘 모르겠는데……."

훈이가 우물거리자 세라가 날 선 눈으로 훈이를 보며 또 딴생각하느냐고 물었다.

"너 수업 시간에도 걸핏하면 딴생각하던데, 그 점은 서해랑 달라. 서해는 뭐든지 정말 열심히 하는데 못하는 아이거든."

세라의 말을 듣던 훈이의 입에서 "후유" 하고 한숨이 흘렀다. 서해라는 아이는 정말 훈이와 닮은 듯했다. 이리저리

휩쓸리며 자기 생각을 분명하게 밝히지 못하는 아이. 그래서 세라에게 표적이 되어 버린 아이. 세라의 속내도 모르고 훈이는 내내 달뜬 기분으로 오늘을 기다렸다. 부끄럽고 창피했다.

"야, 대본집 다시 봐! 내가 한 연기, 맞아?"

세라가 다시 빽빽거렸다. 훈이는 흐린 눈으로 대본집을 들여다보았다.

"아유, 답답해!"

세라가 대본집을 홱 낚아채며 짜증을 부렸다. 순간 소율이가 생각났다. 소율이도 훈이에게 수학을 가르쳐 주며 짜증을 냈다. 짜증 유발자. 훈이는 자신이 그런 꼴이 된 것 같았다. 마음이 자꾸만 가라앉고 작아졌다.

"너희 뭐 하나?"

승혁이가 가방을 메고 정자 쪽으로 다가왔다. 수업이 끝나고 아이들이랑 놀다가 이제 집에 가는 모양이었다. 훈이는 문득 승혁이도 세라와 같은 아파트 단지에 산다는 사실이 떠올랐다.

"내일 오디션이 있어서……."

세라가 훈이에게 빼앗은 대본집을 승혁이에게 내밀며

푸념을 늘어놓았다.

"아, 진짜 얘가 잘 봐 줄 줄 알았는데……."

세라는 말끝을 얼버무리며 훈이를 흘겨보았다.

"이런 것도 머리가 좋아야 잘 보는 거야."

승혁이가 잘난 척 가슴을 펴며, 대본집을 펼쳤다.

"머리?"

세라가 고개를 갸우뚱거렸다. 승혁이는 입가에 미소를 걸고는 훈이를 보았다.

"너 오늘, 시험은 잘 봤냐?"

승혁이가 훈이에게 물었다. 훈이의 얼굴은 단번에 붉어졌다. 하지만 가만히 당하고 있을 수는 없었다.

"대본 보는 거랑 시험이랑 무슨 상관이 있다고 그래?"

"야, 상관이 있지, 왜 없어? 대본을 제대로 보려면 여기 있는 인물이랑 상황에 대한 해석이 필요한 법이거든. 다 성적과 관련이 있지."

승혁이의 말에 세라가 손뼉을 치며 발을 동동 굴렀다. 그러고는 햇살처럼 활짝 웃으며 어떻게 알았냐고 물었다. 승혁이는 그 정도는 기본이라며 거드름을 피웠다.

"야, 훈이는 성적이 별로야?"

세라는 승혁이의 팔을 자연스럽게 잡으며 훈이에게서 등을 돌렸다. 승혁이가 흘깃 훈이를 쳐다보고는 입꼬리를 올렸다. 훈이는 스르르 고개를 숙였다.

훈이와 승혁이는 5학년 때에도 같은 반이었고, 승혁이는 그때에도 학급 회장이었다. 단원 평가를 볼 때마다 담임 선생님은 회장을 불러 아이들의 시험지를 돌려주게 했고, 승혁이는 회장이라는 이유로 반 아이들의 시험 결과를 모두 알 수 있었다.

"너는 공부 안 해? 왜 항상 성적이 이래?"

한번은 시험지를 돌려주며, 승혁이가 훈이에게 한마디를 툭 던졌다. 맞받아칠 말이 떠오르지 않아 훈이는 고개를 푹 숙였고 그런 채로 1년을 보냈다. 그런데 6학년 때 다시 같은 반이 된 것이다. 승혁이는 6학년 때도 역시나 잘나가는 학급 회장이었다. 훈이는 도무지 따라갈 수 없는 존재였다.

승혁이와 세라가 정자 앞 놀이터를 빠져나가도록 훈이는 멍하니 앉아 있었다. 그러다 온몸에 소름이 돋는 것 같아 서둘러 자리에서 일어났다.

'이런 것도 머리가 좋아야 잘 보는 거야.'

승혁이의 말이 훈이의 머릿속에서 소용돌이쳤다.

"황보훈, 이 바보! 멍청이!"

피할 수 없는 사실이 부끄러워 훈이는 고개를 푹 숙였다. 그러고는 바지런히 세라네 아파트 단지를 빠져나왔다.

며칠 동안 훈이는 큰 착각에 빠져 살았다. 머리가 좋았다면 착각이라는 걸 알 수 있었을 텐데, 머리가 나빠서 불편한 게 한둘이 아니었다. 훈이는 이제야 그걸 깨달았다.

파워가 필요해

집으로 돌아온 소율이는 찬물을 벌컥벌컥 들이켰다. 머릿속에서는 정자 앞에 마주 서 있던 훈이와 세라의 모습이 동영상처럼 선명하게 떠올랐다.

"도대체 둘이서 뭘 하려고 했던 거지?"

훈이는 큰 비밀이라도 있는 양 조심스럽게 세라네 아파트 단지를 찾아갔다. 그러고서는 무언가 큰 잘못이라도 저지른 것처럼 세라 앞에서 절절맸다. 소율이는 훈이와 세라 앞으로 쌩하고 달려가 무슨 일이냐 따지고 싶었다. 하지만 그러면 안 될 것 같았다. 세라와의 약속은 훈이의 비밀이었고, 소율이는 그걸 알면서도 훈이의 뒤를 밟았다. 그 사실을 알면 훈이가 화를 낼지도 몰랐다. 더는 훈이와 불편해지고 싶지 않았던 소율이는 거기서 그만 발길을 돌렸다.

 소율이는 스마트폰에 저장해 놓은 명상 음악을 틀었다. 그리고 거실 한가운데에 가부좌를 틀고 앉아 눈을 감았다. 마음을 차분하게 진정시키고 싶었다. 하지만 훈이의 모습이 되감기며 자꾸만 떠올랐다.

 '세라 앞에서 왜 그렇게 절절맨 거야?'

 묻고 싶었다. 훈이가 화를 내더라도 알고 싶었다. 소율이는 곧장 신발을 신고 밖으로 나왔다. 그리고 세라네 아파트 단지까지 달려갔다. 하지만 놀이터 뒤 정자는 비어 있었다. 세라도 훈이도 그 자리에 없었다.

 허탈한 기분을 추스르며 소율이는 터덜터덜 걸음을 옮겼다. 그러다가 훈이네 집 앞에서 우뚝 걸음을 멈췄다. 훈이가 집에 있을까 궁금했다.

 소율이는 훈이네 집 초인종을 길게 한 번, 짧게 두 번 눌렀다. 원래는 초인종을 누르고 속으로 하나, 둘, 셋을 셀 즈음 현관문이 발칵 열렸는데 오늘은 잠잠했다. 아직 집에 안 들어왔나 싶어 소율이는 훈이에게 전화를 걸었다. 훈이는 전화도 받지 않았다. 메시지라도 남겨 놓을까 하다가 소율이는 그만두었다. 부재중 전화 표시를 보면 훈이가 전화할 거라고 믿었다. 하지만 훈이는 이튿날 오전이 지나도록 연락이 없었다. 소율이는 더는 참을 수가 없었다.

"황보훈! 황보훈!"

토요일 낮, 점심을 먹자마자 소율이는 곧장 훈이를 찾아갔다. 지금 시간이면 훈이네 엄마와 아빠는 분식집에 나가고 없을 것이다.

"황보훈! 너 집에 있는 거 다 알아!"

소율이는 훈이네 집 초인종을 누르며 고함을 질렀다. 그제야 굳게 닫혀 있던 문이 달칵 열렸다. 소율이는 씩씩거리며 훈이네 집으로 들어갔다.

"너 뭐 하고 있냐?"

집 안으로 들어서며 소율이가 빽 소리를 높였다. 눈치를 보느라 끙끙거릴수록 불편해질 게 뻔했다. 이럴 때는 그냥 대놓고 이야기하는 게 훨씬 나았다.

훈이는 거실 탁자 앞에 앉아 무엇인가를 열심히 쓰고 있었다. 탁자 위에는 어제 본 수학 단원 평가 시험지가 놓여 있었다.

"뭐 하는 거야?"

소율이가 훈이에게 다가가 앉으며 눈을 동그랗게 떴다.

"공부."

"왜?"

훈이의 짤막한 대꾸에 소율이가 다시 물음표를 던졌다.

"공부하는 데 이유가 있어?"

훈이가 퉁명스레 대꾸했다.

"어제 끝난 시험을 왜 이 시간에?"

"왜? 나는 공부 좀 하면 안 되는 사람이야?"

훈이가 불뚝불뚝 성을 냈다. 소율이는 멍하니 훈이를 보았다. 훈이의 심사가 바짝 뒤틀린 모양이었다. 이럴수록 강하게 밀어붙여야 한다.

"왜? 세라가 뭐라고 그래?"

소율이가 바짝 독이 오른 목소리로 물었다. 훈이가 눈을 휘둥그레 떴다. 소율이는 어제, 골목 입구에서 파워 충전소 할아버지와 할머니를 만나고 난 뒤 훈이의 뒤를 쫓았다고 솔직하게 밝혔다. 그리고 세라가 훈이에게 쓴소리를 내는 걸 똑똑히 보고 들었다고 말했다.

"세라가 나를 좋아한다면서?"

훈이의 물음에는 원망의 기운이 담겨 있었다. 소율이는 눈살을 찌푸리며 훈이를 보았다.

"아니야?"

훈이는 말없이 수학 시험지를 내려다보았다.

"아니냐고?"

소율이가 훈이의 팔을 잡아당기며 물었다. 훈이가 고개를 번쩍 들었다.

"응! 아니야, 아니라고! 처음부터 말이 안 된다고 생각했는데 너 때문에……."

바락 소리를 지르던 훈이가 눈물을 툭 떨구었다. 소율이는 입을 꾹 다물고 훈이를 쳐다보았다. 무슨 말을 해야 할지 알 수가 없었다. 어쨌거나 훈이에게 큰 실수를 저질렀다. 훈이가 눈물을 쏟을 만큼.

"훈아……."

"가!"

훈이가 또 탁자 위를 정리하기 시작했다. 소율이는 얼른 훈이의 팔을 잡았다. 지난번에는 훈이의 방문이 쾅 닫히는 걸 멍하니 쳐다만 보았다. 그리고 며칠을 어색하고 불편하게 보냈다. 이번에도 그럴 수는 없었다.

"왜 이러는데? 무슨 일인데? 너 진짜 내 친구 맞냐?"

소율이도 목소리에 서운함을 가득 담았다. 훈이가 물끄러미 소율이를 보았다. 소율이는 부리나케 말을 이었다.

"수학만 해도 그래. 너 이 정도였으면 작년에도 고민했을 텐데 왜 한 번도 말하지 않았어?"

훈이가 입술을 오물거리며 고개를 숙였다.

"세라 얘기는 미안해. 내가 잘못했어."

소율이는 훈이에게 진심으로 사과했다. 세라에게 먼저 확인해야 했는데 아무래도 소율이가 섣불리 말하고 행동한 것 같았다.

훈이가 바지런히 움직이던 손을 멈추고 멍하니 허공을 바라보았다. 소율이는 가만히 앉아 훈이의 말을 기다렸다.

"내 탓이지, 뭐……."

훈이가 맥없이 말을 던졌다. 소율이는 훈이의 얼굴을 똑바로 바라보았다. 훈이의 얼굴에는 물기가 가득했다. 쿡 찌르면 왈칵 눈물을 쏟을 것 같았다. 소율이는 속이 상했다.

"네가 왜? 네가 어때서?"

소율이가 빽 소리를 질렀다.

"머리가 나쁘잖아……."

훈이가 혼잣소리하듯 말했다. 소율이는 눈썹을 찡그린 채 훈이를 보았다. 훈이가 넋두리하듯 말을 이었다.

"머리가 좋으면 단원 평가 성적도 좋았을 거고……, 그랬으면 승혁이한테 놀림도 안 당했겠지……."

훈이의 입에서 승혁이의 이름이 튀어나왔다. 승혁이하고도 무슨 일이 있었나 싶었다. 훈이는 계속 주절거렸다.

"머리가 좋으면 세라의 문자 메시지에 혹하는 일도 없었을 거고, 따로 보자고 했을 때 한 번이라도 이유를 생각해 봤을 거고, 세라의 오디션 연습도 잘 도와줬을 거야."

"잠깐만!"

소율이가 한쪽 손을 반짝 들어 올렸다. 그리고 훈이의 얼굴을 똑바로 바라보았다.

"그게 다 무슨 소리야?"

소율이가 두 눈을 번득이며 훈이에게 물었다. 훈이는 소율이를 빤히 쳐다보다가 다시 고개를 돌렸다. 소율이가 무슨 소리냐고 따졌다.

"말한 그대로야. 내 머리가 나빠서 세라 오디션 연습도 못 도와주고, 승혁이한테 놀림감이 되었어."

"왜?"

소율이의 목소리가 삐죽 솟았다. 훈이가 한숨을 내쉬며 소율이를 보았다.

"도대체 같은 말을 몇 번이나 해 줘야 해? 말했잖아. 내 머리가 나빠서……."

"그러니까 세라 오디션 연습을 도와주고, 승혁이한테 놀림을 당한 거랑 네 머리가 무슨 상관이냐고!"

소율이가 차근차근 따져 묻자 훈이가 시무룩하게 말했다.

"내가 세라의 요구대로 오디션 연습을 도와주지 못하는 게 머리가 나빠서래."

"누가 그래?"

"승혁이가."

"하! 말도 안 돼!"

소율이가 콧방귀를 뀌며 시근덕거렸다. 훈이는 가만히 소율이를 보았다. 소율이가 다시 물었다.

"세라가 너를 따로 보자고 한 게 오디션 연습 때문이었던 거야?"

훈이는 가만히 고개를 끄덕거렸다.

"결국 세라는 너를 이용하려 한 거네!"

세라가 수업 시간에 짬짬이 훈이를 살핀 건 오디션 연습을 도와줄 사람으로 적합한지 살피느라 그런 거였다. 그런 줄도 모르고 소율이는 세라가 훈이를 좋아한다고 전했다. 큰 실수를 한 거다. 소율이는 훈이에게 다시 사과했다.

"나도 너한테 잘못한걸."

훈이가 고개를 푹 숙였다. 소율이가 고개를 갸웃거리며 훈이에게 물었다.

"나한테 잘못한 게 있다고?"

훈이가 고개를 들고 소율이를 보며 말했다.

"단원 평가 끝나고 게임방 가는 우리의 전통을 내가 깨 버렸잖아."

그제야 소율이는 고개를 끄덕였다. 단원 평가가 끝난 어제, 소율이는 훈이에게 꽤 섭섭했다. 하지만 훈이에게는 다른 약속이 있었고, 소율이가 불어넣은 헛바람 때문에 그 약속이 훈이의 마음에 크게 자리를 잡았다. 소율이의 책임도 있는 거였다.

"난 진짜 왜 이렇게 머리가 나쁘지?"

훈이가 수학 시험지를 들여다보며 길게 숨을 내쉬었다.

"네 머리가 그렇게 나빠?"

소율이가 의자에 등을 기대며 혼잣소리하듯 물었다. 훈이가 눈을 삐뚜름하게 뜨고 소율이를 보았다.

"내 수학 실력을 알면서 그런 말이 나와?"

훈이가 툴툴거렸다.

"그거야 네 공부 방법이 틀린 걸 수도 있지."

"진짜?"

훈이가 눈을 크게 뜨고 소율이를 보았다.

"너한테 맞는 공부 방법만 잘 찾아내도 지금보다 훨씬

좋은 성적을 받을 수 있을걸?"

"그럼 세라 문자 메시지에 홀랑 속아 넘어간 건?"

훈이가 입을 불쑥 내밀었다.

"그건 내 잘못이지."

소율이가 간단하게 답을 던졌다.

"하, 뭐가 문제인지 진짜 모르겠다!"

훈이가 두 손으로 머리를 벅벅 긁었다. 몹시 괴로운 모양이었다. 소율이도 덩달아 가슴이 답답해졌다. 친구가 괴로워하는데 무엇 하나 시원하게 해 줄 게 없었다.

"야, 일어나 봐!"

소율이가 자리에서 발딱 일어났다. 훈이가 눈을 슴벅거리며 소율이를 올려다보았다.

"지금 우리한테 필요한 건 파워야!"

소율이가 야무지게 말을 뱉었다. 훈이가 고개를 갸웃거렸다.

"뭔가 풀릴 듯 말 듯 풀리지 않잖아. 이럴 땐 도움을 받아야 해. 가자!"

소율이는 훈이를 잡고 부리나케 현관으로 나왔다. 파워 충전소에 가서 할아버지와 할머니를 만나면 무엇이든 도움을 받을 수 있지 않을까 싶었다. 할아버지와 할머니는 인간을 건강하고 행복하게 살 수 있게 하는 여러 가지 파워를 연구하는 사람들이니까.

충전, 브레인 파워

 훈이가 걸음을 우뚝 멈췄다. 성큼성큼 걸음을 딛던 소율이가 훈이를 향해 몸을 돌렸다.
 "머리가 좋아지는 파워는 없어."
 훈이가 시무룩하게 말했다. 소율이는 눈을 동그랗게 뜨고 훈이를 보았다.
 "내가 벌써 여쭤봤어."
 훈이는 파워 충전소 할아버지, 할머니와 나누었던 대화를 소율이에게 전했다. 소율이는 잠깐 진지한 표정을 지었다.
 "그래도 뭔가 도움이 되는 파워가 있지 않을까?"

소율이의 목소리에는 힘이 담겨 있었다. 훈이는 알겠다는 듯 고개를 끄덕였다. 그리고 뚜벅뚜벅 파워 충전소로 향했다. 토요일 오후의 볕은 따사로웠다.

"오호, 오늘은 둘이 같이 왔네?"

파워 충전소의 문을 활짝 열어 주며, 할아버지가 빙시레 웃었다.

"어쩐 일이야, 둘이 같이?"

할머니도 바지런히 쫓아 나와 소율이와 훈이를 반겼다.

"우리 둘이 원래 절친, 짝지, 깐부인데 뭘 그렇게 신기해하셔요?"

파워 충전소로 들어서며 소율이가 물었다. 할아버지와 할머니는 서로 눈을 맞추며 벙긋거릴 뿐 별다른 대꾸를 하지 않았다.

"뭐 하고 계셨어요?"

"너희들을 기다리고 있었지."

할아버지가 훈이의 물음을 가볍게 받았다.

"진짜요?"

소율이가 눈을 휘둥그레 뜨고 할아버지를 보았다. 할아버지는 호탕하게 너털웃음을 짓고는 소율이와 훈이를 주

방으로 이끌었다. 식탁 위에는 두부튀김과 영양 주먹밥 그리고 해초 샐러드가 정갈하게 차려져 있었다. 할아버지와 할머니, 두 분이 먹을 상차림은 아닌 것 같았다. 그릇도 아예 네 개씩 놓여 있었다.

"저희가 올 걸 알고 계셨어요?"

소율이가 목청을 높이며 할머니를 돌아보았다. 할머니가 싱긋 웃으며 대꾸했다.

"이쯤이면 슬슬 나타나지 않을까 했지."

"우아! 천리안, 뭐 그런 거예요? 미래에 일어날 일을 미리 맞히는 것?"

소율이가 호들갑을 떨었다. 할머니는 도리질하며 과학은 연구한 데이터를 기반으로 한다고 강조했다.

"저희가 나타날 거라는 것도 데이터에 있어요?"

이번에는 훈이가 물었다. 할아버지가 숟가락과 젓가락을 내주며 답했다.

"어제, 너희의 표정이 심상치 않았거든."

"저희 표정이요?"

얼른 먹으라고 채근하는 할아버지의 손짓에 소율이가 냉큼 앉으며 할아버지의 말을 받았다. 그러고는 얼른 해초 샐러드를 입에 넣었다. 입안에 바다 향이 번졌다. 할아버지가 만든 음식은 늘 그랬다. 재료의 맛과 향이 그대로 살아 있었다.

"저희 표정이 어땠는데요?"

음식을 씹으며 훈이가 물었다.

"아주 복잡한 문제를 떠안고 있는 것 같았다고나 할까?"

할아버지가 싱긋거리며 훈이를 바라보았다. 그 말에 소율이가 "우아!" 하고 감탄을 뱉었다. 소율이는 할아버지의 말이 마음에 쏙 들었다.

"무슨 문제인지 들어나 보자."

할머니가 소율이의 옆에 자리를 잡았다. 할아버지도 훈이의 옆에 나란히 앉았다.

"할머니!"

소율이가 할머니를 불렀다.

"사람이 건강하고 행복한 삶을 살아가는 데 필요한 두 번째 파워는 뭐예요?"

"글쎄다, 그게 뭘까?"

할머니가 빙그르르 말을 돌렸다. 소율이는 흘깃 훈이를 쳐다보았다. 훈이는 관심 없는 척 오물오물 음식만 삼켰다.

그래도 속으로는 머리와 관련된 고민거리가 맴돌고 있을 게 뻔했다. 이럴 때는 에둘러 말할 필요가 없다.

"혹시 머리랑 관련된 파워도 있어요?"

소율이가 묻자 할머니는 싱긋 웃으며 훈이를 쳐다봤다.

"머리가 좋아지는 파워가 없다는 건 저도 알아요."

훈이가 당황스러운 듯 몸을 뒤로 빼며 손을 저었다.

"꼭 머리가 좋아지는 파워가 아니더라도 복잡한 머리를 맑게 해 주거나……."

"자신에게 닥친 문제를 슬기롭게 풀 수 있는 현명함을 갖게 해 주거나?"

할머니가 소율이의 말을 매끄럽게 받았다.

"그런 파워가 있어요?"

소율이와 훈이가 눈을 휘둥그레 뜨고 할머니를 보았다. 할아버지가 껄껄껄 큰 소리로 웃었다. 그러고는 두 번째 파워를 받을 친구가 드디어 찾아왔다고 했다.

"두 번째 파워가 뭔데요?"

훈이가 할아버지의 팔을 잡고 다급하게 물었다. 할아버지가 환하게 웃는 얼굴로 훈이를 보았다. 그리고 짤막하게 대답했다.

"브레인 파워!"

훈이의 눈이 오백 원짜리 동전만큼 큼지막해졌다.

"브레인이라면 머리, 뇌를 말하는 거죠?"

소율이가 할아버지에게로 몸을 바짝 들이밀었다. 할아버지가 고개를 끄덕였다.

"지난번에 그런 파워는 없다고 했잖아요?"

훈이가 목청을 높이며 할아버지를 쳐다보았다. 할아버지가 빙시레 웃으며 할머니에게로 고개를 돌렸다. 할머니가 입을 열었다.

"그때 네가 물어본 건 머리가 좋아지는 파워였잖니."

훈이는 이내 고개를 끄덕였다. 할머니가 다시 말했다.

"브레인 파워는 머리가 좋아지는 파워는 아니란다."

"그럼요?"

소율이가 할머니를 향해 몸을 돌렸다. 할머니가 말했다.

"머리에 필요한 힘을 주는 거야. 생각하는 힘, 몰두하는 힘 그리고 그것을 단단히 지탱시켜 주는 힘 말이야."

"후유……."

할머니의 말에 훈이는 길게 숨을 내쉬었다. 기대했던 것과 달라서 실망한 듯 보였다. 소율이는 할머니의 말을 곰곰이 되짚어 보았다. 생각하는 힘, 몰두하는 힘 그리고 그것을 단단히 지탱시켜 주는 힘이 세지면 뭐가 좋을까……. 그러다가 손바닥으로 식탁을 탁 내리쳤다. 훈이가 놀란 얼굴로 소율이를 보았다.

"넌 문제를 풀 때 뭐가 제일 어려워?"

소율이가 훈이에게 물었다. 훈이가 얼굴을 찡그리더니 입을 불뚝 내밀었다.

"전부 다 어렵지. 도대체 뭘 구하라는 건지도 모르겠고, 숫자 계산도 쉽지 않고……."

"그래서, 그럴 때 넌 어떻게 해?"

소율이의 목소리가 살랑 떠올랐다. 소율이는 해답을 찾은 것 같았다. 할아버지와 할머니는 멀거니 소율이와 훈이를 바라보았다.

"그럴 때라니, 언제를 말하는 거야?"

훈이가 부루퉁하게 물었다. 소율이는 문제가 잘 안 풀릴 때 어떻게 하느냐고 다시 물었다.

"뭐, 그럴 때는……."

그럴 때 훈이는 풀고 있던 책을 획 덮었다. 그러고는 벌렁 드러누워 천장을 올려다보았다. 그리고 가끔은 아니, 자주 스마트폰을 열고 게임을 했다. 복잡하게 얽혀 있는 머릿속을 말랑말랑하게 풀어 주려는 목적이었지만 게임을 하다 보면 시간은 훌쩍훌쩍 흘러가 버렸다. 다시 공부에 집중하기 어려울 만큼.

"바로 그럴 때 생각하는 힘이 머릿속에 가득 차 있다면 어떨 것 같아?"

소율이의 목소리는 하늘하늘 허공을 날았다. 훈이가 두 눈을 슴벅이며 느릿느릿 말했다.

"문제를 이해하는 데 도움이 되려나?"

소율이가 짝짝 손뼉을 쳤다. 그러고는 훈이의 팔을 잡고 호들갑스럽게 말했다.

"당연하지. 게다가 몰두하는 힘이랑 또, 그걸 단단히 지탱시켜 주는 힘까지 자란다니까 끝까지 집중해서 문제를 풀 수 있지 않겠어?"

"오오!"

훈이의 눈이 반짝 빛났다.

"브레인 파워를 받으면 제가 노력한 만큼 성적을 얻을 수 있을까요?"

훈이가 할아버지와 할머니를 향해 고개를 돌렸다. 할머

니가 빙긋 웃으며 입을 열었다.

"물론이지. 브레인 파워를 키우는 데 가장 필요한 게 바로 노력이란다. 스스로 세운 목표를 이루기 위해 얼마나 노력을 기울이느냐에 따라 다른 결과를 만들어 낼 수 있지."

"생각하는 힘, 몰두하는 힘, 그걸 지키는 힘이 생기면…… 꼭 수학 문제를 풀 때가 아니더라도 좋은 생각을 더 깊이 있게 할 수 있을까요?"

훈이가 다급하게 질문을 던졌다. 할머니는 빙긋 웃으며 고개를 끄덕였다. 훈이가 다시 물었다.

"그러면 다른 사람 눈에 바보처럼 보이는 행동도 줄일 수 있을까요?"

"어쩌면?"

할머니가 가볍게 대꾸했다. 훈이가 큰 소리로 말했다.

"저 얼른 브레인 파워, 충전받고 싶어요!"

할머니가 고개를 돌려 할아버지를 보았다. 할아버지는 성큼성큼 걸음을 옮겨 파워 충전기가 놓여 있는 방문을 스르르 열었다.

건강한 삶을 영위하는 데 필요한 두 번째 파워는 브레인 파워였다. 생각하고, 몰두하고, 지탱시켜 주는 힘을 길러

스스로 문제를 해결하는 데 도움을 줄 수 있는 파워. 지금, 훈이에게 꼭 필요한 것이었다.

브레인 파워란?

 브레인 파워를 충전했다고 저절로 머리가 좋아지는 건 아니죠?

 당연하지. 앞으로 꾸준히 훈련하고 노력해야 해.

 무슨 훈련과 노력을 어떻게 해야 할까요?

뇌를 자극해서 깊이 생각하고, 몰두하고, 지탱할 힘을 줘야지. 우선 브레인 즉, 뇌가 무엇인지부터 살펴볼까? 뇌는 중추 신경계의 대부분을 차지하는 것으로, 온몸의 신경을 지배하지. 그만큼 중요한 기관이라서 머리뼈가 보호하는 것이란다. 그런데 여기에서 중요한 건, 뇌는 완성된 상태로 태어나는 게 아니라는 점이지.

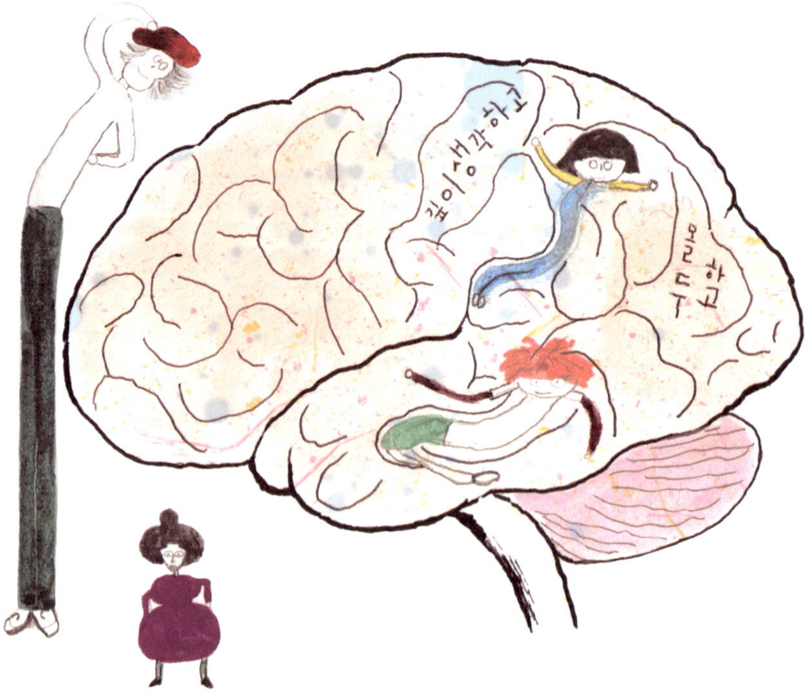

미완성으로 태어난다는 말이에요?

우리 몸이 자라는 것처럼 뇌 또한 점점 성장한다는 말이란다. 특히 20대에 이르기 전까지 두뇌는 폭발적으로 성장을 한단다. 올바른 판단과 감정 조절을 돕는 전두엽이 완성되는 것도 이때고, 시냅스와 신경 세포의 연결이 강화되는 것도 바로 너희 나이 때지. 그래서 10대 시절에 보고, 듣고, 느끼고, 배워서 알게 된 것들은 오래 기억할 수 있단다.

우아, 그럼 더 많이 보고, 듣고, 느끼고 배워야겠어요.

그렇지! 그래서 두뇌 성장을 위한 훈련이 중요하단다.

두뇌 성장을 위한 훈련이 뭔데요?

일단은 질문과 토론을 통해 뇌의 신경망을 활발하게 해야 해. 학교에서 토론식 수업할 때 적극적으로 참여하는 게 좋겠지? 친구들과 책을 읽거나 영화를 보거나 무엇인가를 만들며 함께 시간을 보낼 때, 그것에 관해 이야기하는 습관을 갖는 것도 좋은 훈련 방법이란다.

책을 읽거나 영화를 보거나 무엇인가를 만드는 것은 두뇌 성장을 위한 훈련 과정이라 볼 수 있어. 그런 것들을 통틀어서 '외부 자극'이라고 하는데, 외부 자극은 다시 긍정적인 것과 부정적인 것으로 나눌 수 있단다. 긍정적인 외부 자극에는 앞서 이야기했던 것들 외에도 악기를 연주하거나 운동하거나 글쓰기를 하는 것 등이 있어. 반면에 부정적인 외부 자극은 과도한 컴퓨터 게임이나 스마트폰 사용, 텔레비전 시청, 지나친 경쟁의식, 점수에 대한 압박감 같은 것들을 말하지. 두 가지 자극이 어떤 차이가 있는지 알 수 있겠지?

 아무래도 부정적인 외부 자극은 두뇌 활동을 활발하게 끌어내지 못할 것 같아요. 컴퓨터 게임이나 스마트폰을 지나치게 오래 하다 보면 머릿속이 텅 비는 느낌이 들기도 하거든요.

 공부하다가 문제가 풀리지 않고 막히면 스마트폰을 잡고 게임부터 했었는데, 잘못된 행동이었네요. 그리고 소율이에게 내 점수를 들켜서 놀림받을까 봐 내내 걱정했는데 그런 마음이 다 저를 불편하게 압박했던 것 같아요.

 지나친 경쟁의식이나 압박감은 내려놓고, 두뇌를 활발하게 움직일 수 있는 활동을 꾸준히 하는 게 좋아. 그런 뒤에는 분명한 목표 의식을 가져야 해.

 목표 의식을 갖는 게 두뇌 성장에 도움이 된다고요?

 깜깜한 밤바다에 떠 있는 배를 상상해 보렴. 주위가 온통 어둡기만 하다면 배는 어디로 가야 할지 방향을 잡지 못하고 제자리에 머물러 있을 거야. 하지만 멀리에서 등대가 훤히 불을 밝히며 길을 안내한다면 어떨까?

 등대를 보고 부지런히 항해할 것 같아요.

 우리의 두뇌도 마찬가지란다. 두뇌가 분명한 목표 의식을 지니고 있다면, 목표를 이루기 위해 더 힘차게 활동할 수 있게 되지. 물론 목표가 바뀔 수도 있어. 그러니까 그때그때 필요한 목표치를 분명하게 설정하고, 목표를 향해 나아가려는 노력이 필요하단다.

목표를 설정할 때 가장 중요하게 고려해야 할 것은 바로 자기 자신을 점검하는 거란다. 내가 좋아하는 것이 무엇인지, 또 잘할 수 있는 것이나 잘하고 싶은 것이 무엇인지 파악하고 그것을 이루기 위해 차근차근 계획을 세우고 실천하는 게 중요하지.

 알겠어요. 말씀하신 대로 두뇌를 성장시키기 위한 훈련을 열심히 해 볼게요.

 아까도 말했듯이 두뇌 성장 훈련에는 질문과 토론이 중요하니까 공부할 때도 말이다, 함께 공부할 친구를 만들면 좋아. 서로 자신 있는 과목을 가르쳐 주며 도움을 주고받을 수도 있고 말이야.

 황보훈, 앞으로는 이 누님이랑 같이 공부하기다, 알겠지?

 으악, 기소율의 잘난 척을 참아 줘야 하나…….

 또 하나, 꼭 기억해야 할 게 있단다.

 그게 뭔데요?

 행복한 마음 갖기. 지나치게 스트레스를 받는 환경에서는 우리의 마음처럼 뇌도 위축이 된단다. 그러면 제대로 활동하기 어렵지. 되도록 스트레스를 줄이고, 순간순간 행복한 마음을 지니려 노력해 보렴. 두뇌 성장에도 큰 도움이 될 거야.

 알겠어요. 즐겁게 공부하기, 마음먹은 대로 안 되더라도 스트레스 받지 말기. 꼭 명심할게요!

에필로그

우리 대표로

　금요일 수업을 마치고, 소율이와 훈이는 파워 충전소를 찾았다. 할아버지와 할머니는 피곤해 보이는 얼굴로 소율이와 훈이를 맞았다.
　"꼭 여기에서 해야겠니?"
　할머니가 묻자 훈이가 큰 소리로 그렇다고 답했다.
　"그럼 오늘은 딱 한 시간만 하자."
　할아버지가 둘째 손가락을 세우며 사정하듯 말했다.
　"에이, 한 시간 안에 무슨 토론을 해요!"
　훈이의 목소리가 쩌렁쩌렁했다.
　파워 충전소에서 브레인 파워를 충전받은 뒤로 훈이는 생각하고 정리해서 발표하는 게 좋아졌다. 브레인 파워를 키우기 위해 꼭 필요하다는 질문과 토론도 재미있었다.

"얼마 전까지만 해도 발표나 토론 같은 거, 진짜 싫어하던 애가 이렇게 달라졌어요!"

소율이가 기특하다는 듯 훈이를 향해 엄지손가락을 세웠다.

"그래도 이제는 너희들 집에 가서 해. 우리도 나름 바쁜 사람들인데······."

할아버지와 할머니는 소율이와 훈이가 일주일에 세 번씩 파워 충전소를 찾아와 두 시간씩 묻고 토론하는 시간이 솔직히 버거웠다. 소율이와 훈이의 토론을 받아 주는 것 말고도 할아버지와 할머니에게는 파워 충전소에서 할 일이 많았다.

"좋아요. 그럼 다음 주부터 화요일에는 소율이네 집으로 갈게요."

 훈이가 기세 좋게 말을 붙였다. 소율이가 두 눈을 크게 뜨고, 훈이를 보았다.

 "우리 집에서 뭘 하려고?"

 토론하려면 적어도 세 명 이상은 있어야 했다. 둘이서 하는 토론은 시시하게 끝났다.

 "너희 집에서는 수학을 공부할래."

 훈이가 마음을 먹은 듯 큰 소리로 말했다.

 "또 화내고 집에 가 버리면!"

 소율이가 훈이를 향해 종주먹을 을렀다. 훈이가 가슴을 쫙 펴며 당당하게 말했다.

 "왜 이래? 나, 이래 봬도 브레인 파워 충전받은 사람이야.

깊이 생각하고, 몰입하고, 생각을 오래 지탱하는 법을 익히는 사람이라고!"

 훈이의 말에 할아버지와 할머니가 와하하 웃었다. 소율이도 훈이를 보며 벙싯벙싯 웃었다. 자신 있게 자기 생각을 정리해서 말하고, 계획한 대로 밀고 나가려는 훈이의 모습이 반짝반짝 빛났다.

작가의 말

브레인 파워 충전, 시험 스트레스 아웃!

친구들도 시험 스트레스를 받아 본 적 있나요? 학교나 학원에서 시험 볼 때 또는 학습지로 평가를 치를 때 머리끝이 쭈뼛거리며 신경이 곤두서고, 문제지가 앞에 놓이는 순간 손이 벌벌 떨리는 경우요. 그게 다 시험 스트레스 때문에 나타나는 현상이래요.

저도 학교에 다닐 때 시험을 앞두고 살살 배가 아프고, 머릿속이 하얘지는 것만 같은 느낌이 든 적이 있어요. 시험을 잘 보지 못할까 봐 걱정되어서요. 물론 시험 한두 번 망친다고 해서 큰일이 벌어지는 것은 아니지만, 그래도 이왕이면 좋은 성적을 받아서 선생님이나 부모님에게 칭찬을 듣고 싶었지요.

시험 때문에 스트레스를 받을 때는 이런 상상도 했어요. 교과서나 공책을 베고 잠을 자면 거기에 적혀 있는 모든 글자가 머릿속에 스르르 빨려 들어와서 시험을 너무나 쉽게 치르는 상상이요. 아니면 그냥 교과서를 쓱 읽기만 해도 머릿속에 저절로 암기되는 상상도 했지요. 어때요? 정말로 그런 일이 벌어진다면 시험 때문에 스트레스를 받을 일은 눈곱만큼도 없겠지요? 와, 상상만 해도 신나요!

안타깝지만 지구상에 이런 기술은 존재하지 않아요. 그래서 어쩔 수 없이 공부에 신경을 쓰고 노력을 기울여야 하지요. 그런데 공부에도 나름의 기술이 필요하대요. 무작정 버티고 앉아서 교과서만 들여다본다고 시험 문제가 술술술 풀리지 않는다는 말이지요. 그렇다면 공부에 필요한 기술은 무엇일까요? 파워 충전소 두 번째 이야기를 읽은 친구들이라면 정답을 쉽게 찾을 수 있겠지요?

파워 충전소를 만난 우리 친구들 모두 스스로 브레인 파워를 충전해 조금 더 신나고 즐겁게 공부하면 좋겠어요. 무엇보다 브레인 파워는 공부를 잘해서 높은 성적을 얻는 것만을 의미하지 않는다는 사실을 꼭 기억해 주길 바라요. 스스로 스트레스를 줄이고 행복한 마음을 지니려 노력한다면 오늘보다 더 행복한 내일이 될 거예요!

날마다 조금씩 행복해지려고 노력하는 작가, 최은영